dtv

dtv

portrait

Herausgegeben von Martin Sulzer-Reichel

Michaela Diers, geboren 1956 in Mannheim, studierte in Freiburg Germanistik und Mittelalterliche Geschichte und promovierte über Bernhard von Clairvaux. Heute arbeitet sie als freie Autorin und in der Erwachsenenbildung.

Hildegard von Bingen

von Michaela Diers

Deutscher Taschenbuch Verlag

Weitere in der Reihe **dtv portrait** erschienene Titel S. 160

Originalausgabe
April 1998
2. Auflage Juli 1998

Umschlagkonzept: Balk & Brumshagen
Umschlagbild: Hildegard schreibt in ihrem Werk,
inspiriert von der Trinität. Holzschnitt, 1524
Layout: Matias Möller, Agents – Producers – Editors, Overath
Satz: Matias Möller, Agents – Producers – Editors, Overath
Druck und Bindung: APPL, Wemding
Gedruckt auf säurefreiem, chlorfrei gebleichtem Papier
Printed in Germany ISBN 3-423-31008-1

Inhalt

1 Hildegard und Volmar. Bildreproduktion nach dem Kodex der Abtei St. Hildegard, Eibingen

Die ersten Jahrzehnte

Hildegard von Bingen wurde 1098 in Bermersheim bei Alzey, vielleicht aber auch – wie neuerdings wieder in die Diskussion gebracht wurde – in Böckelheim geboren. Ihr Vater, Hildebert von Germersheim, stammte aus edelfreiem Geschlecht, gehörte also dem hohen Adel an. Hildegard war das zehnte Kind ihrer Mutter Mechthild. Sieben ihrer Geschwister sind namentlich bekannt. Drutwin, der älteste Bruder, Hugo, der an der Mainzer Kathedrale als Domkantor wirkte, sowie Roricus, Kanonikus in Tholey an der Saar. Die Bedeutung der kirchlichen Ämter der Brüder belegt den hohen Rang der Familie, die auch wohlhabend gewesen sein soll. Von den vier Schwestern Irmengard, Odilia, Jutta und Clementia ist nichts Näheres bekannt, außer daß Clementia als Nonne in Hildegards Kloster lebte .

Über Hildegards frühe Jahre berichtet zum einen Gottfried, ein Mönch des Klosters Disibodenberg, der ab 1174 Propst des Rupertsberger Klosters und Hildegards Sekretär war, allerdings bereits 1176 verstarb. Kurz nach Hildegards Tod setzte daher Theoderich, ein Mönch aus Echternach, die von Gottfried begonnene Vita fort, ordnete das ihm vorliegende Material neu und ließ auch Hildegard selbst zu Wort kommen, indem er autobiographische Skizzen einfügte. Zum anderen berichtet ihr Bewunderer und späterer Sekretär Wibert von Gembloux in seiner Fragment gebliebenen Vita über Hildegards Frühzeit. Die Autoren beider Viten verfolgen mit ihren Werken durchaus vergleichbare Ziele: Theoderich schreibt, um

Theoderich, der die Endfassung der Vita besorgte, kannte Hildegard kaum oder gar nicht. Er wurde nicht wegen seiner besonderen Kenntnisse über die Person ausgewählt, die Vita zu verfassen, sondern weil man ihn für die Bewältigung der literarischen Aufgabe für besonders geeignet hielt.

»das Herz der Leser zur wahren Weisheit, zur himmlischen Schau und zur göttlichen Tugend« (L 52) zu erheben, und Wibert verfaßt sein Werk, »daß es erbaulich und so manchen förderlich« sei (Kl 100). So präsentieren beide Texte einen von Gott erwählten Menschen – zur Erbauung der Leser, zum Lobpreis Gottes und insbesondere zur Erlangung der Heiligsprechung Hildegards.

Diese beiden Werke sind wichtige Quellen für das Leben Hildegards, da sie – das gilt zumindest für Gottfried und Wibert – von Augenzeugen und Vertrauten Hildegards stammen. Zugleich jedoch zeichnen sie ihr Bild nach jenen Schablonen der Heiligkeit, die ihnen der Zeitgeist vorgab. Eine Heiligenvita ist keine Biographie und folglich auch nicht modernen Authentizitätsansprüchen, sondern den Erwartungen der mittelalterlichen Leser verpflichtet – und damit eine oft schwierig zu bewertende Textgattung, da stets mit hagiographischen Überformungen der historischen Gestalt zu rechnen ist, der zwar das moderne, nicht aber das mittelalterliche Interesse gilt.

Wibert berichtet, daß die Eltern, als ihnen mit Hildegard ihr zehntes Kind geboren wurde, »es auf gemeinsamen Beschluß nach reiflicher Überlegung als freiwillige Opfergabe gleichsam als ihren Zehnten für Gott ab(sonderten), der ja im Gesetz anordnet, daß man ihm den Zehnten darbringe« (Kl 101), d. h., sie bestimmten ihre Tochter für ein Leben in religiöser Abgeschiedenheit. Seit dem 6. Jahrhundert ist der Zehnte die wichtigste Abgabe, die Laien an die Kirche zu entrichten haben. Hildegards Eltern übertragen diese aus dem Alten Testament (Lev 27,30) abgeleitete Bestimmung auf ihr Kind und folgen damit dem Geist mittelalterlicher Frömmigkeit, der stark rituelle Züge trägt und von einer Art Rechtsverhältnis zwischen Mensch und Gott ausgeht. Gleich einem guten König ist dieser Gott gütig und mil-

Hildegard wurde nie offiziell heiliggesprochen. Damals bildete sich das Kanonisationsverfahren erst aus, was auch bei Bernhard von Clairvaux zu Komplikationen führte. Freilich betrieb der Zisterzienserorden die Kanonisation mit Nachdruck, während die für Hildegard zuständige Mainzer Kirchenbehörde eher desinteressiert wirkt.

Kinder für das Klosterwesen zu bestimmen war im Mittelalter eine Selbstverständlichkeit. Die Söhne und Töchter des Adels wurden als Oblaten (lat. *oblati* = Dargebrachte) dem Kloster übergeben, ihre Erbansprüche oder ihre Mitgift auf die Abtei übertragen, eine wichtige wirtschaftliche Voraussetzung für ein funktionierende, vor allen Dingen aber ist er gerecht. Wehe denen, die ihren Verpflichtungen nicht nachkommen und somit seinen Zorn auf sich ziehen: »Sie (Hildegards Eltern) fürchteten nämlich, und diese quälende Furcht ängstigte sie nicht wenig, daß der Zehnte Gottes, wenn er draußen (in der Welt) bliebe, von den Vögeln des Himmels oder den Tieren des Feldes, die nachts auf Nahrungssuche umherstreifen, geraubt würde.« (Kl 104).

Die Gelegenheit für Hildegards Eltern zur Umsetzung ihres Vorhabens bot der Plan der 1092 geborenen Jutta aus dem befreundeten Grafengeschlecht derer von Sponheim, sich als Inklusin aus der Welt zurückzuziehen. Wibert nennt die Gründe für Juttas Entschluß: »Sie wollte für Gott frei sein und die wohltuende Süßigkeit wenigstens als Vorgeschmack erfahren, wenn sie ihr von oben eingegossen würde, bis sie – frei vom Leib – vor Ihm erschiene, auf ewig Seine offenbare Herrlichkeit genieße und ganz gesättigt würde.« (Kl 103). In Anlehnung an die altchristliche Eremitentradition gilt die Klause, auf die bereits im Diesseits ein Abglanz jenseitiger Herrlichkeit fällt, als sichere Insel in den Stürmen der Welt.

Die Tatsache, daß die Klause Juttas dem Kloster Rupertsberg unterstand, entsprach der gängigen mittelalterlichen Praxis, eine Frauenklause mit einem Mönchskloster zu verbinden, und nicht nur in diesem Fall entwickelte sich aus der Klause ein Frauenkloster. Die Inklusin unterstand dem Abt des Klosters, folgte in ihrem Tagesablauf dem der Mönche und verrichtete wie diese die in der Benediktsregel vorgeschriebenen Stundengebete. Die Klause war so gebaut, daß sie an den Chor der Klosterkirche anstieß. Auf diese Weise konnte die Inklusin, abgetrennt durch ein Gitter, am Gottesdienst teilnehmen und die Kommunion empfangen. Ansonsten wurde die Klause, die aus mehreren kleinen, einfach eingerichteten Räumen und einem Gärtchen bestand, verschlos-

des Kloster. Die Oblation durch die Eltern war bindend (Benediktsregel cap. 59). Die feierliche Profeß, meist im Alter von 15 Jahren, bestätigte das Gelöbnis der Eltern. In einer Zeit, die die Erfüllung gesellschaftlich-religiöser Normen, nicht aber die zu entfaltende Individualität in den Vordergrund stellt, besitzt das Oblatenwesen nichts Anstößiges. Im Rahmen einer weitgehend analphabetischen Gesellschaft bestand vielmehr ein Vorzug der Einrichtung darin, daß sie eine gründliche Ausbildung von Kindheit an ermöglichte. Freilich blieb der systematische Bildungsgang den Knaben vorbehalten. Für Mädchen war nichts Vergleichbares vorgesehen.

sen. Ein Fenster mit Sprechgitter ermöglichte die Versorgung und den Kontakt mit der Außenwelt.

Durch neuere Forschungen insbesondere in bezug auf die 1137 verfaßte Vita Juttas (1992 veröffentlicht), die also die älteste Quelle zur Jugend Hildegards darstellt, haben sich Zweifel an dem bislang angenommenen Datum der Einschließung ergeben. An Allerheiligen im Jahr 1112 (wie die Datierung nach der Vita Juttas und der Angabe in den Annalen des Klosters Disibodenberg lautet, von der Franz Staab ausgeht) oder im Jahr 1106 (so die alte Datierung nach den Aussagen der Vita und Wiberts) wurde Jutta zusammen mit Hildegard »und mit einer anderen Dienerin Gottes« eingeschlossen – »doch ist sie von niedrigerem Stand, aber mit (Jutta) verwandt. Sie soll ihnen dienen.« (Kl 104). Ist die Klause auch ein himmlisches Refugium inmitten der Welt, bedeutet das noch lange nicht, daß Standesunterschiede keine Geltung mehr besäßen. Auch dies ist in einer Zeit, in der man zwar von der Gleichheit der Menschen vor Gott, aber auch von ihrer Verschiedenheit auf Erden ausgeht, nicht außergewöhnlich. Die Einmauerung der Frauen gestaltete sich als festlicher Akt und fand in Anwesenheit des lokalen Adels statt: »Viele Persönlichkeiten von hohem und mittlerem Rang wohnten dem Ritus, der einer feierlichen Bestattungszeremonie glich, mit brennenden Fackeln bei.« (Kl 104). Die Frauen wurden im Namen der Dreifaltigkeit Gott übergeben. Geistliche Gesänge erklangen, als sich die Versammelten entfernten und die Zugänge zur Klause vermauert wurden.

Sowohl Wibert als auch Theoderich unterstreichen, daß das Geschehen einem Begräbnis gleichgekommen sei. Die Autoren wählen den im Mittelalter geläufigen Vergleich, um bewunderndes Staunen über die Frömmigkeit der Frauen zu erregen. Fortan sind sie der Welt erstorben. Kommt nicht das Leben in der Welt mit seinen zahlreichen Gefahren für das

Hildegard war bei ihrer Einschließung entweder acht oder vierzehn Jahre alt. Der Unterschied ist erheblich und läßt insbesondere für den Fall, daß die neue Datierung zutreffen sollte, die oft unterstrichene Bedeutung des Mönchs Volmar als Privatlehrer Hildegards auf dem Disibodenberg in den Hintergrund treten. Allerdings ist die Frage der Datierung noch nicht abschließend geklärt und wird in der Forschung noch zu diskutieren sein.

2 Der Fürst der Welt wendet der törichten Jungfrau sein schönes Antlitz zu, den von allerlei widerlichem Getier zerfressenen Rücken hält er verborgen – die höllische Kehrseite aller weltlichen Vergnügungen. Basel, um 1290

Seelenheil einem Tod gleich, während für die Welt gestorben zu sein wahres Leben bedeutet, da es ewiges Leben verheißt? Diese Einordnung entstammt dem breiten Traditionsstrang christlicher Weltverachtung und erweist sich als zu eng, um Hildegard gerecht zu werden, deren Werk gerade Leib und Welt in eine umfassende Spiritualität einbeziehen wird. Zum Glück sollte sich diejenige, die man hier ›zu Grabe trug‹, noch als ausgesprochen lebendig erweisen. Doch es dauert noch drei bzw. vier Jahrzehnte, ehe Hildegard öffentlich auftritt.

Über wesentliche Fragen, die den Werdegang Hildegards betreffen, besitzen wir nur rudimentäre Informationen, so etwa über die Frage nach der Ausbildung (und somit nach den Quellen) der Frau, die sich später stets als *indocta*, d.h. ungebildet, und als »armselige und ungelehrte Frau« (B 231) bezeichnet. Auch hochkarätige mittelalterliche Gelehrte betonen ihre Ungelehrtheit und folgen hierin zeitgenössischen Mustern der Selbstdarstellung. Hildegards Fall liegt allerdings komplizierter, denn als Frau war sie ja tatsächlich vom Unterrichtswesen ausgeschlossen. Wie also stand es um die Bildung der Ungebildeten?

Auch eine weitergehende Ausbildung war möglich. Gertrud die Große (1256–1301/02), die im Alter von fünf Jahren wahrscheinlich als Waise im Kloster Hefta Aufnahme fand, war eine hochgelehrte, in den sieben freien Künsten sorgfältig ausgebildete Frau. Ihre Visionen schrieb sie in vorzüglichem Latein nieder. All dies war vor allen Dingen das Verdienst der umsichtigen Äbtissin Gertrud von Hackeborn (1232–92), die den Bildungsstand der Nonnen nach Kräften förderte und so den Grundstein für die Blütezeit der zisterziensischen Frauenmystik im Kloster Hefta legte.

Normalerweise beschränkte sich die Ausbildung einer Nonne auf die Anfangsgründe des Lateinischen, also auf das, was zum Verständnis ausgewählter Bibelstellen, des Psalters, der liturgischen Gesänge und der Ordensregel zwingend notwendig war. Auch für den klassischen Betätigungsbereich der Nonnen, das Abschreiben von Handschriften, waren Grundkenntnisse in Latein erwünscht, um Kopierfehler in Grenzen zu halten. Vielerorts blieb somit der Bildungsstand der Nonnen auf jenem bescheidenen Niveau, das man für Frauen als ausreichend erachtete. Über den Unterricht, den Meisterin Jutta Hildegard zuteil werden ließ, heißt es in der Vita: »Diese erzog sie sorgfältig im Gewande der Demut und Unschuld, unterwies sie einzig in den Gesän-

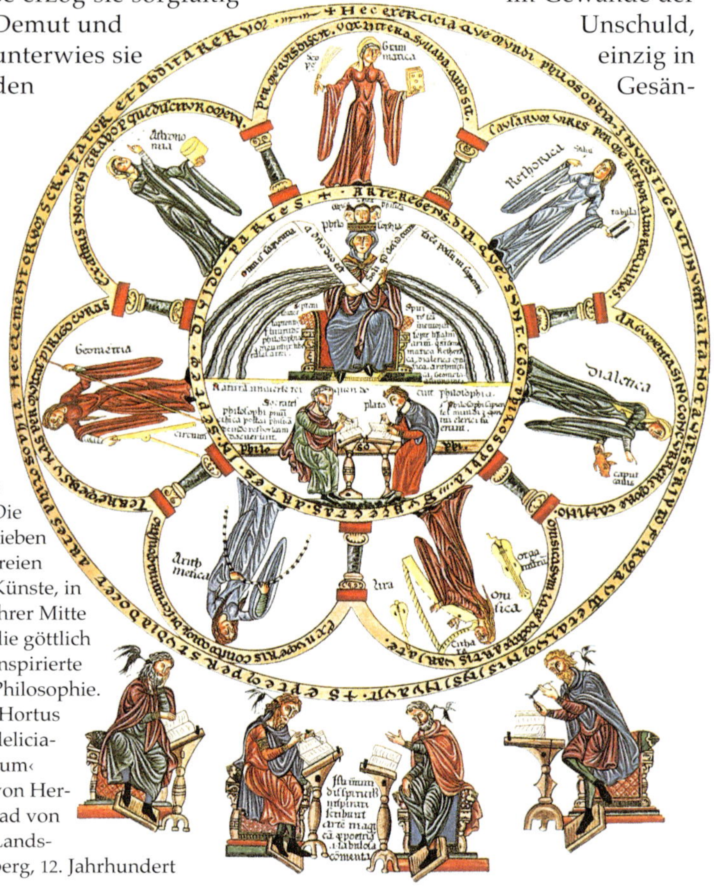

3 Die sieben freien Künste, in ihrer Mitte die göttlich inspirierte Philosophie. ›Hortus deliciarum‹ von Herrad von Landsberg, 12. Jahrhundert

gen Davids und lehrte sie das Singen der Psalmen« (L 53). Somit wäre nur eine rudimentäre Ausbildung Hildegards anzunehmen. Doch der Verfasser der Vita untertreibt, wie auch Hildegard selbst bei diesem Thema zur Untertreibung neigt. Wie aber läßt sich erklären, daß Hildegard und gerade auch die Vita, ein Text, der doch dem Lobpreis Hildegards gilt, ihre Bildung in den Schatten stellen? Vor dem Hintergrund von Matthäus 11,25 wird die Untertreibung verständlich: Gott hält vor den Weisen und Klugen verborgen, was er den Einfältigen und Unmündigen offenbart. Die Betonung der geringen Bildung unterstreicht also den Offenbarungscharakter der Schriften Hildegards. Die Diskrepanz zwischen der Unbildung der Autorin und der Weisheit ihrer Texte erklärt sich für die Zeitgenossen aus dem göttlichen Wunder, das an ihr geschah.

Hildegard war – wie kundige Textanalysen belegen – weitaus gebildeter, als sie sich darstellt, und besaß nachweislich Kenntnis der Schriften der Kirchenväter, denen im Mittelalter, nebst der Bibel, höchste Autorität zukam, sowie der Werke diverser mittelalterlicher Autoren. Freilich fehlte ihr eine systematische Ausbildung, die sich vor allem in Hildegards mängelbehaftetem Latein bemerkbar machte. So bedurfte sie der Mitarbeit Volmars, der bis 1173 ihr Sekretär war. Volmar, »die Feile«, wie er in einem Brief genannt wird (B 40), glättete das Latein ihrer Werke, ohne inhaltliche Eingriffe vorzunehmen. Hildegards Schau erschloß ihr zwar den geistigen Sinn der Bibel, »doch den Wortsinn ihrer Texte, die Regeln der Silbenteilung und der (grammatischen) Fälle und Zeiten, erlernte ich dadurch nicht« (Sci 89). Bereits im 12. Jahrhundert bezogen sich göttliche Eingebungen also nicht auf Fragen der Grammatik – zum Leidwesen zahlloser Schülergenerationen und zur Verwunderung des hochgebildeten Kritikers Langius, der am Beginn des 18. Jahrhunderts davon ausgeht, daß sich der

Die sieben freien Künste
Der Begriff bezeichnet den aus der Antike übernommenen Bildungskanon des Mittelalters, der sich in das *trivium* (Wortbedeutungskunde) mit den Disziplinen Grammatik, Rhetorik, Dialektik und das *quadrivium* (Dingbedeutungskunde) mit den Fächern Arithmetik, Geometrie, Astronomie und Musik unterteilt. Die Disziplinen suchen den spirituellen Sinn des Wortes bzw. Dinges zu ergründen. Ihnen liegt also ein vom modernen Verständnis der Wissenschaft abweichendes Erkenntnisinteresse zugrunde.

Heilige Geist in fehlerfreiem Latein zu äußern habe. So befallen ihn ernsthafte Zweifel am Offenbarungscharakter von Hildegards Schriften. Es grenze an Blasphemie, eine solche Sprache dem Heiligen Geist zuzuschreiben.

Der Besuch einer mittelalterlichen Schule stellt sich aus moderner Perspektive als ein zwiespältiges Vergnügen dar. Erziehung und Bildung im Mittelalter gilt nicht der Förderung individueller Anlagen, sondern zielt auf die Bewahrung und Weitergabe des seit alters verbindlichen Wissens. Neuerungen und Originalität sind im mittelalterlichen Denken nicht nur unerwünscht, sondern verdächtig. Mit aller Macht sucht man das tradierte Wissen zu bewahren und gibt es durch einen streng reglementierten Lehrstoff an die Schüler weiter. Nun schreibt Alois Dempf, ein profunder Kenner der Epoche (›Sacrum Imperium‹, [2]1954), daß Hildegard »eigenständiger und schöpferischer als ihre männlichen Zeitgenossen« gewesen sei, ordnet also ihrem Werk die im Mittelalter so anstößigen Neuerungen, d.h. eine gewisse Originalität, zu. Vielleicht also war der ›ungeregelte Bildungsweg‹, der Ausdruck von Hildegards Diskriminierung als Frau ist, zugleich auch Freiraum und Chance. Es bleibt daher zu fragen, ob man in der Hervorhebung ihrer Bildung heute nicht des Guten zuviel tut, d.h., ob nicht vor dem Hintergrund gewandelter Werte an die Stelle ihrer mittelalterlichen Stilisierung als Ungebildete die moderne Stilisierung als Gebildete getreten ist. Eine mittelalterliche Gelehrte im traditionellen Sinne war sie jedenfalls nicht. So tritt uns hier ein brillantes Werk in mäßigem Latein entgegen – ein Unikat allemal im Vergleich zu den mäßigen Werken in brillantem Latein, die es wie Sand am Meer gibt.

Durch die Publikation der Vita Juttas von Sponheim wird nun auch die Gestalt jener Frau greifbarer, die einen kaum hoch genug zu veranschlagenden Einfluß auf Hildegard aus-

Die **Traditionsverbundenheit**, die das mittelalterliche Denken wie ein roter Faden durchzieht, erklärt sich aus dem historischen Selbstverständnis der Epoche. Die Zeit Christi und der Apostel sowie die der Kirchenväter liegt weit zurück, seitdem ist die »vergreisende Welt« (LJ 69) im Niedergang begriffen. Das Streben nach Neuerungen führt von den idealen Werten der christlichen Frühzeit weg und wird als Ausdruck des Hochmuts bewertet, des schlimmsten aller Laster. Ein kennzeichnendes Licht auf die Thematik wirft der Streit, in den Hildegards Zeitgenossen Bernhard von Clairvaux (1090–1153) und Petrus Venera-

4 Unter die Räuber gefallen. Pilgerfahrten waren mit mancherlei Gefahren verbunden, zumal für Frauen, wie Bonifatius bereits im 8. Jahrhundert warnte. Szene aus dem ›Hortus deliciarum‹ der Äbtissin Herrad von Landsberg, 12. Jahrhundert

geübt haben muß. Es wird berichtet, daß sie als Zwölfjährige infolge einer schweren Erkrankung das Gelöbnis ablegte, Nonne zu werden. Vom Mainzer Erzbischof Ruthard nahm die Vierzehnjährige »gegen den Willen aller ihrer Verwandten« (LJ 70) den Schleier und wurde für drei Jahre der frommen Witwe Uda von Göllheim als Schülerin übergeben. In diesen Jahren entwickelte Jutta den brennenden Wunsch nach einer Wallfahrt: »Jeder günstigen Gelegenheit zum Ausreißen kamen der Fleiß und die Wachsamkeit der frommen Witwe zuvor.« (LJ 71). Auch Juttas Bruder Meinhard, der um Leib und Leben und nicht zuletzt wohl um die Sittlichkeit seiner Schwester bangte, war von dem Plan entsetzt und lenkte unter Mithilfe des Bischofs Otto von Bamberg die fromme Abenteuerlust auf ein Leben als Klausnerin um. Die Vita spricht von der Einvernehmlichkeit des Entschlusses und würde dies auch behaupten,

bilis (um 1094–1156) – beides hoch angesehene Äbte, die posthum heiliggesprochen wurden – über die Frage geraten waren, wessen Orden der Vorzug zu geben sei. Bernhard von Clairvaux hatte den Cluniazensern Völlerei, Prunk- und Trunksucht, kurzum alle Schande vorgeworfen. Petrus Venerabilis konterte und stellte fest, daß die Kutten der Mönche seit alters schwarz, die der Zisterzienser hingegen hell, also eine Neuerung seien. Petrus schließt hieraus, daß die Zisterzienser sich wohl für besser als die (Kirchen-)Väter hielten – ein Angriff, der dem Bernhards an Harschheit in nichts nachsteht.

wenn dem nicht so war. Festzuhalten bleibt, daß der Bruder die Situation realistisch einschätzte, während die Schwester von anderem träumte. Vor dem Hintergrund der Vita Juttas wird die von Theoderich und Wibert beschriebene Idylle brüchig. Mit der Klause auf dem Disibodenberg war eine Ersatzlösung gefunden worden, die in deutlichem Gegensatz zu den Plänen der gleichermaßen frommen wie eigenwilligen jungen Frau stand. Entsprechend deuten sich bereits zu Lebzeiten Juttas Spannungen mit den Disibodenberger Mönchen an, die später, als Hildegard die Frauengemeinschaft leitet, eskalieren und zur Ablösung führen.

Die Vita berichtet auch, daß Jutta, kaum der frühesten Kindheit entwachsen, von ihrer treusorgenden Mutter »einer Unterweisung in der Heiligen Schrift überantwortet« (LJ 70) worden war und später fleißig las. Jutta war also eine gebildete Frau, so daß die den Bildungsstand untertreibende Textstelle der Vita Hildegards zugleich die Verdienste Juttas um Hildegards Ausbildung herabmindert. Im übrigen weiß auch ein Zeitgenosse, der Zisterzienser Aelred von Rievaulx (1109–1167), von Inklusinnen zu berichten, »die sich mit der Unterrichtung von kleinen Mädchen beschäftigen und ihre Zellen in Schulen umwandeln«[1].

Von der tiefen Verbundenheit zwischen Jutta und ihren inzwischen zehn ›Töchtern‹ zeugen die Vorgänge an Juttas Sterbebett. Jutta ließ sich ihren Schleier über das Haupt und eine mit Asche bestreute Bettdecke über den Körper legen, da die Umstehenden »sie durch ihr Weinen daran hinderten, zu ihrem Schöpfer aufzubrechen« (LJ 77). Über ihr Verhältnis zu Hildegard wird berichtet, daß Jutta mit Freuden sah, »wie aus einer Schülerin die Lehrmeisterin wurde« (L 54). Die gleichermaßen innige wie fördernde Beziehung, die Hildegards Jugend prägte, ist schon allein deswegen glaubhaft, da sie sich eine

Treffen Franz Staabs Überlegungen zu, daß die achtjährige Hildegard zusammen mit Jutta (die nur sechs Jahre älter war) Uda übergeben wurde, ist die Witwe zugleich auch die erste Lehrerin Hildegards.

5 Auszug der Seele aus dem Körper. Reproduktion nach dem Rupertsberger Kodex der ›Scivias‹, 12. Jahrhundert. Abtei St. Hildegard, Eibingen ▶

Generation später zwischen Hildegard und Richardis, »die ich meine Tochter und zugleich meine Mutter nenne« (B 110), wiederholt. Zweifellos war es Jutta, die die Bedingungen zur Entfaltung der Hochbegabung schuf und ebenso die Entwicklung jener starken Persönlichkeit ermöglichte, die – anders als die jugendliche Wallfahrerin, die sich in einer Klause wiederfand – die Klostermauern hinter sich ließ und den für eine Frau unerhörten Schritt in die Öffentlichkeit wagte. Vieles von dem, was sich in Hildegards Leben erfüllt, erscheint im Leben Juttas bereits vorgezeichnet.

Schon Jutta war zum Anziehungspunkt der Bevölkerung geworden und wurde – wie später Hildegard – gleich einem »himmlischen Orakel« (L 72) befragt. Auch die Liebe zu Johannes, dem Lieblingsjünger Christi, der mit dem Evangelisten Johannes identifiziert wurde, verdankt Hildegard ihrer geistlichen Mutter. Juttas Vita enthält die früheste aufgezeichnete Vision Hildegards, die vom Streit der jenseitigen Mächte um die beim Tod Juttas den Körper verlassende Seele berichtet und davon, wie der von Jutta stets verehrte Johannes die Dämonen in die Flucht schlug. In einem wesentlichen Punkt allerdings unterscheiden sich die beiden Frauen. Jutta fügte sich schwere Kasteiungen zu und trug eine »eiserne Gürtelkette« (LJ 71) zur Buße, ein Verhalten, das im Grunde gut ins Charakterbild der jungen Jutta paßt, die nach der Einschließung ihre religiös-heroischen Energien beibehielt und auf sich

6 Der Evangelist Johannes. Miniatur aus einem Evangeliar, Mitte 12. Jahrhundert. Darmstadt, Hessische Landes- und Hochschulbibliothek

selbst umlenkte. Als Jutta 1136 im Alter von 44 Jahren starb, wuschen drei Lieblingsschülerinnen die Leiche und sahen, »daß die Kette, die sie auf ihrem Leib getragen hatte, drei Furchen rings um ihren Leib eingedrückt hatte« (LJ 78). Unter den Nonnen war auch Hildegard, die später so eindringlich vor den Folgen maßloser Askese warnen wird.

Im Jahr 1136 wurde Hildegard von den Schwestern zur Leiterin gewählt. Die Schülerin war zur Meisterin geworden, die insbesondere in der Fortentwicklung der nach Unabhängigkeit strebenden Frauengemeinschaft deutlich in Juttas Traditionsfolge steht.

Hildegard in Geschichte und Gegenwart

Es ist kein Zufall, daß die Renaissance Hildegards mit einer breiten, am Buchmarkt ablesbaren Konjunktur spiritueller Themen zusammenfällt. Nach den Jahren des Wirtschaftswunders, auf die Jahrzehnte des Optimismus und des grenzenlosen Vertrauens auf Fortschritt und Wachstum folgten, sind inzwischen die Grenzen des Wachstums überdeutlich geworden. Gegenwerte zum materialistischen Denken sind gefragt, sei es in Form einer spirituellen Neuorientierung außerhalb oder aber einer Umorientierung innerhalb des Christentums. Im Zusammenhang mit diesen Veränderungen im Zeitgeist steht auch das neu erwachte Interesse am Mittelalter, einer Epoche, die man bis vor kurzem noch wenig schätzte. Das ›finstere Mittelalter‹ stand für all das, was man selbst nicht zu sein glaubte – ein Begriff, um sich abzugrenzen, die Verdienste hervorzuheben, die man der lichten Moderne zusprach.

Die allzu optimistische Perspektive auf eine durch den technischen Fortschritt immer besser zu bewältigende Zukunft hat sich relativiert. Die Werte sind im Wandel begriffen, und entsprechend wandelt sich auch die Bewertung von Geschichte. In der Tat kann es durchaus Sinn machen, bei einer Neuorientierung in der Gegenwart die Geschichte zu befra-

Eine historische Erkenntnis stellt … immer eine Selbsterkenntnis dar: beim Studium der Geschichte einer anderen Epoche kommen die Menschen nicht umhin, diese ihrer Zeit gegenüberzustellen. Liegt im Endeffekt nicht darin der Sinn der Kulturgeschichte beschlossen? Doch wenn man seine eigene Epoche und Zivilisation mit anderen vergleicht, läuft man Gefahr, an diese Epochen und Zivilisationen seine eigenen Maßstäbe anzulegen. In bestimmtem Maße ist das unvermeidlich. Man muß sich aber die Gefahr, die mit einem solchen Vorgehen verbunden ist, klar vor Augen führen. Das, was der moderne Mensch für den grundlegenden Wert des Lebens hält, war es durchaus nicht unbedingt für die Menschen einer anderen Epoche und anderen Kultur; und umgekehrt, das, was für uns heute falsch und unbedeutend erscheint, konnte für den Menschen einer anderen Gesellschaft wahrhaft und äußerst wesentlich sein.

Aaron J. Gurjewitsch, Das Weltbild des mittelalterlichen Menschen, 1980

gen. Zwar ist keine Epoche klüger als die andere, doch sind Licht und Schatten unterschiedlich verteilt. In der Gefahr, blindem Fortschrittsoptimismus zu erliegen, stand man im Mittelalter jedenfalls nicht. In alten Texten läßt sich heute in der Tat viel Bedenkenswertes neu entdecken. Allerdings erscheint es auch notwendig, auf Gefahren hinzuweisen, die insbesondere dann auftreten, wenn das historische Interesse vom Unbehagen an der Gegenwart diktiert wird.

Seit jeher gehört zum modernen Denken der Überdruß an der Modernität. So manche Zeitgenossen scheinen der verwirrenden Vielfalt der Welt, der Komplexität der Fragen und schon gar der Not mit den Antworten müde geworden zu sein. Geschlossene Weltbilder haben wieder Konjunktur. »Im gesunden Denken des Menschen liegt das Bedürfnis, zu allen Dingen der Natur und der Umwelt ein festes Verhältnis zu bekommen. Er will wissen, wie der Mensch zu diesen oder jenen Bäumen, Pflanzen, Tieren oder zu irgendeinem Stein steht«, schreibt ein Vertreter der modernen Hildegardmedizin nur scheinbar in aller Unschuld, denn am geistigen Horizont des gesunden Denkens zieht zugleich sein Schattenbild, das ungesunde Denken, auf. »Soweit er nicht durch göttliche Erleuchtung gemäß der Wahrheit darüber unterrichtet wurde, springt oft das Böse mit falschen Vorstellungen dafür ein.«[2]

Mit dem Übergang zur Moderne sind die historischen Bedingungen, an die geschlossene Weltbilder gebunden waren, zerbrochen. Ihre unkritische Neuinstallation verkürzt die moderne Vielfalt auf eine falsche Eindeutigkeit und trägt somit nicht mehr wie im mittelalterlichen Kontext universelle, sondern fundamentalistische Züge. Daß nunmehr wieder einfache Antworten auf komplizierte Fragen gegeben werden können, macht die Attraktivität dieses Denkens und zugleich auch seine Gefährlichkeit aus. Die Gegenwart ist durch Auf-

7 Initiale mit Maria, dem hl. Rupert sowie der hl. Hildegard. Buchmalerei von 1342 ▶

brüche zu Neuem mit ihren berechtigten Rückfragen an die Vergangenheit gekennzeichnet. Unübersehbar sind aber auch die Einbrüche in scheinbar Überwundenes. Ein Hang zur maßlosen Gläubigkeit macht sich breit, heftet sich an wen auch immer, eben auch an jene Äbtissin aus dem 12. Jahrhundert, die das rechte Maß in allen Dingen so sehr schätzte.

Zu allen Zeiten waren die Fragen an die Geschichte Ausdruck des fragenden Zeitalters, wie nicht zuletzt der kurze Einblick in die Rezeptionsgeschichte Hildegards[3] belegt. Im Jahr 1220 stellte Abt Gebeno von Eberbach eine Kompilation aus ihren Werken mit dem Titel ›Speculum futurorum temporum‹ (etwa: »Spiegel der zukünftigen Zeiten«) zusammen, die in zahlreichen Handschriften über Europa verbreitet wurde. Das Werk beinhaltet eine tendenziöse Auswahl unter dem Aspekt der Zukunftsprophetie, der in der Folgezeit interessiert. Entsprechend vermerkte Albert von Stade († nach 1264) in seinen Annalen über die Visionen Hildegards, daß sie »nützliche Dinge über die zukünftigen Zeiten und den Antichrist prophezeite und in denen sie, vom Geiste Gottes erleuchtet, den schwierigen Stand der Kirche vorhersagte«. Hildegards ›Weissagungen‹ wurden nun zur Munition auf den Schlachtfeldern der religiösen Auseinandersetzungen der jeweiligen Epoche. Im 13. Jahrhundert bezog man die Warnung vor ei-

nem zukünftigen Geschlecht der falschen Brüder, die sich in Hildegards Predigt gegen die Katharer findet, auf die Bettelorden. So verwundert es kaum, daß der Minderbruder (Franziskaner) John Peckham als Vertreter der ›falschen Brüder‹ in Hildegards Visionen übelste Einflüsse wittert und die päpstliche Anerkennung für eine glatte Lüge hält: »Denn der Apostolische Stuhl pflegt keine zweifelhaften Sachen zu bestätigen, besonders da diese Frau in ihrem leichtfertigen Geschreibsel viele Irrtümer hinterlassen hat. Bis mich irgend etwas vom Gegenteil überzeugt, glaube ich, daß Hildegards Prophetie eine List des Teufels ist.«

Für protestantische Autoren wurde Hildegard wegen ihrer Kritik am Klerus, der die Kirche in eine Epoche des Niedergangs führe, attraktiv, was Andreas Osiander im Jahr 1527 als Prophezeiung auslegte, die sich in der Niederlage des Katholizismus gegenüber der Reformation erfülle: »Sant Hildegardten Weissagungen über die Papisten und genannten geistlichen wilcher erfüllung zu unsern Zeiten hat angefangen und volzogen sol werden.« In der Folgezeit ergibt sich nach Johann Christian Wolff (1689–1770) eine gespaltene Wertschätzung Hildegards, die Ausdruck einer gespaltenen Christenheit ist. Die Protestanten, bekanntlich keine großen Freunde der katholischen Heiligenverehrung, »halten Hildegard für eine Heilige, weil sie glauben, daß sie von ihrer Religion, als von der wahren geweissagt habe«. Die Katholiken hingegen bemerken nicht ohne eine gewisse Häme das protestantische Interesse an ›ihrer‹ Heiligen und »posaunen ihre Wunder aus«. Der Mainzer Bischof Leopold Haffner, der im Jahr 1879 anläßlich des 700. Todestages Hildegards predigt, ist über die Schlechtigkeit seiner Epoche tief erschüttert. Schuld am allgemeinen Sittenverfall sind die modernen Naturwissenschaften und das staatliche Schulsystem. Nicht anders als zu Zeiten Hildegards

Auf einen verblüffenden Seitenaspekt der Hildegardrezeption sei an dieser Stelle kurz hingewiesen. Er beginnt mit Abt Trithemius von Sponheim (1462–1516), einem Bewunderer, der Hildegard in seine Sammlung berühmter deutscher Männer (›Catalogus virorum illustrium Germaniae‹) aufnahm. Bis in unsere Tage ist es ein Ausdruck des höchsten Lobes geblieben, wenn Hildegards Interpreten ihren männlichen Charakter preisen. Derlei Sonderexemplare der männlichen Gattung sind in der Geschichte keine Seltenheit. Auch Teresa von Avila (1515–1582) widerfuhr Vergleichbares. Ein Dominikaner, der

»ringt die Wahrheit des Glaubens mit der falschen Wissenschaft, leidet die christliche Sitte unter der Gewalt entfesselter Leidenschaften, ringt die Kirche in bitterem Leiden«. Der Bischof entwirft ein finsteres Szenario des Untergangs, in dem als einziger Lichtblick Hildegard und ihr Kloster bleibt, der Rupertsberg, eine erzkatholische Schutz- und Trutzburg in den Brandungen des Kulturkampfes.

Hildegards Rezeptionsgeschichte belegt, wie sehr die Auffassungen unter dem Eindruck der jeweiligen Epoche stehen. Die Geschichte der Hildegardbilder ist selbst ein Spiegel der Geschichte. Die Bedingungen der Auseinandersetzung mit Hildegard haben sich verbessert, da, mit Ausnahme der naturkundlichen Schriften, einigermaßen gesicherte Textausgaben und nicht – wie über weite Strekken der Vergangenheit – tendenziöse Kompilationen aus ihrem Werk vorliegen. Das Grundproblem freilich ist geblieben und stellt sich nun unter den spezifischen Bedingungen der Gegenwart dar.

8 Darstellung Hildegards, die, von der Trinität inspiriert, ihre Visionen niederschreibt. Holzschnitt aus Jacob Köbels ›Die Legend des heyligen herzogen sant Ruprechts / bey Byngen uff sant Ruprechtsbergk leyplich rastonde. Die Legend von der seligen jungfrawen sant Hildegard der Christlichen Sibilla und offenbarerin der heymlichen wunderwerck gotes / die Aptißin uff sant Ruprechtsbergk gewessen ist‹, 1524

mit ihrem gefürchteten Verhandlungsgeschick schmerzliche Bekanntschaft gemacht hatte, stellte bewundernd fest: »In Wirklichkeit ist sie ein Mann, und zwar einer von den ganz bärtigen.« (Zit. nach Josef Sudbrack, Erfahrung einer Liebe. Teresa von Avilas Mystik als Begegnung mit Gott, 1979). Vor allem männlicher Begeisterung ist somit die Kategorie der ›Männin ehrenhalber‹ zu verdanken, die es ermöglicht, der weiblichen Hochbegabung Tribut zu zollen, ohne deshalb gleich das eigene Frauenbild in Frage stellen zu müssen.

Über Jahrhunderte hinweg war das Bild Hildegards von der traditionellen christlichen Hagiographie bestimmt, die die Heiligen als in jeder Hinsicht ideal und für alle Ewigkeit vorbildlich darstellte, so daß viel Zeitspezifisches an Werk und Leben zu entfallen hatte. Ebenso war für innere Widersprüche, die zum Leben realer Menschen, nicht aber zum stilisierten Heiligenbild gehören, kein Platz. Auch so mancher Mißgriff wurde durch Stillschweigen überdeckt oder aber zur rühmenswerten Großtat umstilisiert. Einige moderne Hildegardbücher sind sichtlich dem christlichen Heiligenideal verpflichtet, aber auch eine neue Art der außerchristlichen Hagiographie zeichnet sich ab. Hildegard wird zur Heilerin, die über unfehlbares Wissen im Grenzbereich zur Magie verfügt, zum Urbild einer Anima-Figur Jungscher Prägung, zur übermächtigen Weisheitsgestalt, die das geheime Wissen der Frauen an die Gegenwart weiterreicht. Wiederum spiegelt sich die Gegenwart in der historischen Gestalt, hier nun in den breiten Strömungen des bereits nachchristlichen Zeitgeistes. Die Verbindlichkeit des christlichen Weltbildes ist zugunsten vielfältiger Weltbilder zerbrochen, die nun – jedes für sich ein Spiegel – die Hildegardbilder vervielfachen. Bemerkenswert ist die wie auch immer zu bewertende Tatsache, daß Hildegard die wohl erste christliche Heilige ist, die im Begriff steht, in eine esoterische Heilige umgeschmiedet zu werden. Daß sich bei veränderten Inhalten die Schmiedetechniken gleichen, vergessen sowohl die außerchristlichen Hagiographen als auch manche ihrer christlichen Kritiker, die diese Entwicklung aus naheliegenden Gründen beklagen.

Angesichts derartiger hagiographischer Überformungen, die die historische Gestalt zugunsten einer den jeweiligen ›Glaubensinhalten‹ entsprechenden Idealität preisgeben, ist die Rückbesinnung auf den historischen Kontext notwendig.

In (Hildegard) begegnet uns, wenn wir uns auf ihr Gedankengut und ihre Lebensregeln einlassen, zunächst einmal die Ferne und Fremdheit des Mittelalters, die nur durch ein anhaltendes Bemühen um historisches Verstehen zu überwinden ist.

Elisabeth Gössmann, Literaturverzeichnis III.4

Die historisch-kritische Lesart Hildegards hält in der Tat für idealisierende Tendenzen jedweder Couleur mancherlei ›Ent-Täuschungen‹ bereit. Für viele wird hierzu ihre Predigt gegen die Sekte der Katharer sowie die Tatsache gehören, daß auch sie das Unternehmen des Zweiten Kreuzzuges begeistert begrüßt hat. So ist Hildegard bei diesen wie auch bei manch anderen Themen nicht klüger als andere, eben ganz die Tochter ihrer Zeit. Ihr vielschichtiges Werk ist zutiefst in die heute oft nur noch schwer verständliche Welt des Mittelalters eingebunden. Historiker beklagen aus gutem Grund, daß Hildegards Werk aus dem historischen Kontext gerissen und für moderne Fragestellungen vereinnahmt wird. Freilich wird hier gern unterschätzt, daß die Bedeutung dieses Werkes über die einer historischen Quelle hinausreicht. Nicht anders als auch andere Werke christlicher und außerchristlicher Weisheitsliteratur werden Hildegards Texte auf die Gegenwart hin befragt. Und in der Tat wird man bei der Lektüre immer wieder auf eine ins zeitlos Gültige reichende Dimension treffen, die sich dem modernen Leser als erstaunliche Aktualität entgegenhebt. Nicht das Werk selbst ist also modern, sondern es ist streckenweise für moderne Lesarten offen. Hält man neben der hi-

9 J. von Schraudolph, Fünf heilige Benediktinerinnen: die Heiligen Hildegard, Walburgis, Scholastika, Mechtildis und Gertrudis. Gemälde in der Abteikirche von Beuron

Verehrungswürdiger Vater Bernhard, wunderbar stehst du da in hohen Ehren aus Gottes Kraft. Schreckenerregend bist du für die unziemliche Torheit dieser Welt. Mit dem Banner des heiligen Kreuzes fängst du voll hohen Eifers in brennender Liebe zum Gottessohn die Menschen, damit sie im Christenheer Krieg führen wider die Wut der Heiden. (B 25)

Hildegard 1147 an Bernhard von Clairvaux, der damals zum Zweiten Kreuzzug aufrief.

storischen Lesart (die nach einem Werk aus dem 12. Jahrhundert fragt) auch die moderne Lesart (die nach seiner Bedeutung für das 20. Jahrhundert fragt) für berechtigt, wird es notwendig, die Ebenen getrennt zu halten und nicht zugunsten einer falschen Eindeutigkeit zu vermengen. Verschiedene Stellen des Werkes lassen sich heute durchaus auf ökologische und feministische Fragestellungen hin lesen, auch wenn dessen Autorin – weil dies im 12. Jahrhundert nicht anders sein kann – keine Ökologin und auch keine Feministin ist.

Auch die moderne Lesart wird immer wieder die Rückbindung an Person und Werk des 12. Jahrhunderts zu suchen haben. Jede Auseinandersetzung mit einer historischen Gestalt ist eine Art Dialog und setzt daher ein Gegenüber voraus. Unterbleiben die immer neuen Rückfragen an das schwierige Werk, geht jenes Gegenüber verloren, von dem man sich gerade eben noch Antwort versprach. Dialoge, die unter der Hand zum Monolog geraten, sind bereits unter Lebenden keine Seltenheit. Um wieviel mehr drohen sie im historischen Dialog, der mit dem literarischen Nachhall einer bereits vor Jahrhunderten verklungenen Stimme zu führen ist. Die Gefahr ist groß, daß man die leise Botschaft übertönt und sodann nur noch das Echo der eigenen Stimme vernimmt. Eben dieses Eindrucks kann man sich heute angesichts des Streites der diversen Parteiungen um die ›wahre Hildegard‹ kaum erwehren, der offensichtlich ein Streit um die Verbindlichkeit der in der Gegenwart miteinander konkurrierenden Wahrheiten ist.

Hildegards Schriften sind gemäß ihrem Selbstverständnis als Prophetin inspiriert. Hat also der Heilige Geist den Kreuzzug befürwortet, die Verfolgung der Ketzer und – in ›Scivias‹ – die Gottgewolltheit der mittelalterlichen Ständeordnung gelehrt? Auch eine gläubige Lesart wird heute dem Heiligen Geist kaum zeitbedingte Engstirnigkeit und Intoleranz zumu-

Karl Rahner unterstreicht in seinem Buch ›Visionen und Prophezeiungen‹ ([2]1989) aus der Perspektive des katholischen Theologen, daß auch die kirchliche Anerkennung von Visionären nicht blinde Gläubigkeit an den rein göttlichen Ursprung ihrer Visionen einfordert: »Der bildhafte Inhalt der Vision ist nicht nur ›Bild‹ der eigentlichen göttlichen Berührung, sondern auch ›Bild‹ des Menschen, der sie empfängt. Weil grundsätzlich der imaginäre Inhalt bewußt nur gegeben sein kann als schon vollzogene Synthese aus dem göttlichen Einwirken und den subjektiven Bedingtheiten des Menschen, wird es nicht nur faktisch

ten wollen und somit zu einer Zweiteilung in Inspiriertes und Uninspiriertes oder, wie sich neutraler formulieren läßt, in Zeitloses und Zeitbedingtes gelangen. Bereits im Mittelalter stellte man vergleichbare Überlegungen an, so daß Rupert von Königstal, ein Bewunderer Hildegards, in Anlehnung an den Kirchenvater Gregor den Großen (um 540–604) darauf hinwies, »daß der Geist der Prophetie nicht ständig den Propheten erleuchtet« (Kl 40). Otto von Freising (um 1112–1158) bemerkte in seiner Chronik ›Die Taten Friedrichs‹ nach dem Scheitern des Zweiten Kreuzzuges bissig über dessen Prediger Bernhard von Clairvaux: »Freilich ist der Geist des Propheten nicht immer bei den Propheten.« Stritt man zuvor noch über die Frage, ob der Heilige Geist überhaupt weht, so ließ sich sodann darüber, wo und wann er weht und wann er es unterläßt, trefflich weiterstreiten.

10 Sta. Hildegardis Abatissa. Frontispiz zur 1911 erschienenen Biographie von Johannes (Pater Desiderius) May

sehr schwer sein, hier eine ›Quellenentscheidung‹ vorzunehmen ... Tatsächlich bietet die Geschichte der Visionen, und zwar bei kanonisierten Heiligen und Seligen, also bei Menschen, denen subjektive Ehrlichkeit, große Heiligkeit und echte mystische Erlebnisse nicht bestritten werden können, eine Fülle von historischen, theologischen und geschmacklichen Irrtümern und Schiefheiten.« Unter vielen anderen Beispielen führt er Hildegard an, die »alle ihre Kenntnisse, die nun einmal nicht alle richtig sind«, als göttliche Eingebungen erfuhr.

Es ist im übrigen heute nicht zwingend notwendig, das unberechenbare Wehen des Heiligen Geistes zu bemühen, um festzustellen, daß sich in einem Werk historisch Relatives mit Zeitlosem durchmischt (und dann den Streit über das Mischungsverhältnis unter modernen Bedingungen fortzuführen). Liegt es doch im Wesen aller großen Literatur, daß sie einerseits einem historischen Kontext angehört, ihn andererseits aber auch hinter sich läßt, um sich zu immer neuer Aktualität hin zu öffnen. Die Inspiration (lat. *inspirare* = einhauchen) ist eben doch der Ein- oder Anhauch des Überzeitlichen im Zeitlichen, der über persönliche und historische Grenzen hinausträgt – ein Luftzug und Windstoß, von wem auch immer.

Visionärin, Mystikerin oder Prophetin?

Hildegard empfing von Kindheit an Visionen. Doch erst im Jahr 1141 – Hildegard war 43 Jahre alt – erging an sie der göttliche Auftrag, die Schau niederzuschreiben. Es folgten schwere Krankheitskrisen, die sie als Strafe für die Mißachtung des Befehls bewertete: »Ich weigerte mich zu schreiben. Nicht aus Hartnäckigkeit, sondern aus dem Empfinden meiner Unfähigkeit, wegen der Zweifelsucht, des Achselzuckens und des mannigfachen Geredes der Menschen, bis Gottes Geißel mich auf das Krankenlager warf.« (Sci 90). Hildegards Befürchtungen über das Gerede der Leute sollten sich bewahrheiten. Man vermutete, nicht Gott, sondern Dämonen, die »dürren Luftgeister, die manchen irreführen« (L 78), seien der Ursprung ihrer Visionen. Zu dieser Zeit beurteilte man Visionen nach ihrem Urheber. ›Echte‹ Visionen stammten von Gott, ›falsche‹ vom Teufel. Frauen, so glaubte man zu wissen, seien für teuflische Einflüsse anfälliger als Männer. Hildegard hatte also allen Grund, sich zu fürchten.

Sie vertraute sich Mönch Volmar an, der ihr das Geschaute (Teile der späteren Schrift ›Scivias‹) aufzuschreiben befahl

Visionen, Prophetien und Erscheinungen sind im Mittelalter von unbezweifelbarer Realität, denn sie werden von der Bibel bezeugt. Zahlreiche Berichte über visionäre Erlebnisse mittelalterlicher Menschen lassen sich zu einer eigenen Gattung der Visionsliteratur zusammenfassen. Das mittelalterliche Denken siedelt die Wirklichkeit eher jenseits des unmittelbar Sichtbaren an, während das moderne Denken dazu neigt, die materielle Erscheinungsform für den Inbegriff des Wirklichen zu halten. Echte, also von Gott stammende Visionen künden somit von der höchsten Wahrheit und Wirklichkeit. Als mittelalterliche Geschichtsschreiber auf einen Widerspruch zwischen bisherigen Darstellungen zur Frühzeit der Stadt Köln und einer Vision Elisabeths von Schönau zum gleichen Thema stoßen, fällen sie ihre Entscheidung – nicht anders als moderne Historiker – zugunsten der glaubhafteren Quelle. Der Zisterzienser Alberich von Trois-Fontaines vermerkt, »daß alle Geschichtsschreiber und Chronisten bis zur Zeit Elisabeths irrten« (zit. nach Peter Dinzelbacher, Die Offenbarungen der Elisabeth von Schönau, IX,4), und ändert die Chronik nach dem Bericht Elisabeths ab.

und es an Abt Kuno vom Disibodenberg weiterreichte. Dieser setzte sodann die Mainzer Kirchenbehörde in Kenntnis. Auf der Trierer Synode 1147/48 unterrichtete Erzbischof Heinrich I. von Mainz Papst Eugen III. über Hildegard, der ihre Schriften von einer Kommission prüfen ließ und die Sehergabe bestätigte. Gemäß der Vita soll sich Bernhard von Clairvaux, dem Hildegard 1146/47 in einem Brief ihre Schau geschildert hatte, auf dem Konzil zu Trier höchst angetan gezeigt und sich bei Eugen III., seinem Schüler, für sie verwandt haben – eine eher unwahrscheinliche Behauptung, bedenkt man, daß man es später auf dem Rupertsberg für notwendig hielt, das sachlich gehaltene Antwortschreiben Bernhards mit einigen begeisterten Verzierungen zu versehen. Wesentlich an diesen Vorgängen – denn unabdingbare Voraussetzung für Hildegards weiteres Wirken – ist die Bestätigung der Sehergabe. Formal gesehen handelt es sich bei ihrer Schau um Privatoffenbarungen, d.h. um göttliche Kundgebungen an eine Einzelperson, die im Fall ihrer Anerkennung höchstes Ansehen genießt und einen nicht zu unterschätzenden Machtfaktor darstellt. Entsprechend behält sich die Kirche die Prüfung vor, fällt das letztgül-

11 Visionen. Oben: die Schau der Engel, Mitte: Paulus und Benedikt, unten: Fromme Laien. Englische Buchmalerei, ca. 1360–1375

12 Eva vom Türsturz des ehemaligen Nordquerhausportals, um 1130. Autun, Kathedrale St. Lazare

Das Frauenbild der Epoche ist von Aussagen der Bibel und der Kirchenväter, also von den für das Mittelalter höchsten Autoritäten, bestimmt. Aus dem ersten Schöpfungsbericht (Gen 1,27), gemäß dem Mann und Frau als Abbild Gottes geschaffen wurden, leitet sich nach augustinischer Tradition die Gottebenbildlichkeit der körperlosen Geistseele ab. Bestimmend für das Frauenbild wird der zweite Schöpfungsbericht, wobei aus der Erschaffung Evas aus der Seite Adams (Gen 2,21f.) die hierarchische Struktur im Verhältnis der Geschlechter abgeleitet wird (1 Kor 11,7ff.), die auch zur Begründung des Ausschlusses von Priesteramt und Lehre dient. In Anlehnung an 1 Tim 2,11ff. und im Rückgriff auf Augustinus (Gottesstaat, XIV, 11) verführte der Teufel zuerst den sowohl moralisch als auch körperlich schwächeren Teil des Menschengeschlechtes, die Frau, die dann Adam verführte. Eva wird zum Urbild der Frau als Verführerin, Weiblichkeit wird mit Sinnenhaftigkeit und Körperlichkeit assoziiert, also negativ bewertet. Gleichsam als eine Art Erbschuld – so der Kirchenvater Tertullian – lastet die Sünde Evas auf dem weiblichen Geschlecht: »Noch lebt die Strafsentenz über dein Geschlecht in dieser Welt fort, dann muß also auch deine Schuld noch fortleben. Du bist es, die dem Teufel Eingang verschafft hat. Wegen deiner Schuld, d.h. um des Todes willen, mußte auch der Sohn Gottes sterben.«[4] Bei Thomas von Aquin tritt neben die ›sklavische‹ Unterordnung, die aus dem Sündenfall abgeleitet wird, die ›häusliche‹ Unterordnung aufgrund der weiblichen Natur, die des Schutzes und der Lenkung durch die männliche Vernunft bedurfe. Im Anschluß an Aristoteles stellt Thomas fest, daß der männliche Same immer männliche Nachkommen hervorbringe. Ungünstige Umstände, wie z.B. feuchte Südwinde, bewirkten hingegen die Zeugung weiblicher Nachkommenschaft: »Hinsichtlich der Einzelnatur ist das Weib etwas Mangelhaftes und eine Zufallserscheinung.« Weiblichkeit wird traditionell als das beschrieben, worin die Frau vom Mann abweicht, und entsprechend als Defekt bewertet. Da der Auferstehungsleib aber als vollkommen gilt, entwickeln sich Diskussionen über dessen Geschlecht, wobei – so der Bericht des Zeitgenossen Hildegards Otto von Freising – von manchen behauptet wird, Frauen würden nicht in weiblichem, sondern alle würden in männlichem Geschlecht auferstehen. Die dem Mann unterworfene Stellung (*status subiectionis*) in der Theologie findet in der gesellschaftlichen Rechtsstellung der Frau ihre Entsprechung, gemäß der eine Frau im Fall der Verheiratung von der Vormundschaft des Vaters in die des Mannes übergeht.

tige Urteil und verfügt somit über die Macht zu definieren, wann es sich um göttliche Eingebungen oder aber um teuflische Einflüsterungen handelt.

Ob Hildegards visionär geschautes Werk der Mystik zuzurechnen sei, ist in der Forschung umstritten[5] und dies spätestens, seit sich Kurt Ruh entschloß, Hildegard in seiner ›Geschichte der abendländischen Mystik‹ auszuklammern, da er deren »inspirierte Prophetie« von der mystischen Schau unterscheidet. Mystik wird als *cognitio experimentalis de Deo*, definiert, als Erfahrungserkenntnis Gottes. Die mystische Gottunmittelbarkeit ist im allgemeinen mit dem Moment religiöser Innerlichkeit, der subjektiven Beziehung zwischen Mensch und Gott, verbunden. Erst im 12. Jahrhundert beginnt sich diese Frömmigkeitshaltung in Abgrenzung zur eher sakramentalen Frömmigkeit der Vorzeit neu auszubilden.

Einen zentralen Rang in dieser Entwicklung nimmt Bernhard von Clairvaux ein, dessen Werk für die Geschichte der Mystik von eminenter Bedeutung ist. In einer seiner Predigten beschreibt er, wie sich die Seele an Höhe (Tugend) und Breite (Liebe) weiten muß, »um ein Himmel und eine Wohnung Gottes zu werden«[6]. Dieser ›Innenraum‹ ist fortan in der Mystik von zentralem Interesse. Mystische Frömmigkeit trägt stark introspektive Züge. »Ich wünsche daher, daß die Seele vor allem sich selbst kenne«, schreibt Bernhard. Das Wissen um sich selbst (*scito te ipsum*) bildet den Ausgangspunkt des um die Gottesbeziehung ringenden Menschen, während Hildegards erstes Visionswerk den Titel ›Scivias‹, ›Wisse die Wege (Gottes)‹, trägt. Der Blick der Seherin ist nicht nach innen, sondern stets aufs Ganze gerichtet, sei es auf die Ordnung des Kosmos oder aber auf die heilsgeschichtliche Ordnung, die den Lauf der Zeiten überspannt. Nicht subjektives Erleben, sondern die Schau der göttlichen Wahrheit, also nach mittelal-

Die **Individualität des Menschen** ist eine Kategorie, die sich im Mittelalter erst ausbildet. Auch bei diesem Thema gilt das 12. Jahrhundert als eine Zeit des Um- und Aufbruchs, in dem insbesondere die Mystik wichtige Akzente setzt. Für die vorangegangenen Jahrhunderte, aber auch durchaus noch für die Folgezeit gilt, daß sich mittelalterliche Menschen stark über ihre Gruppenzugehörigkeit und über gesellschaftlich-religiöse Normen definieren. So schreibt Aaron Gurjewitsch in ›Das Weltbild des mittelalterlichen Menschen‹: »Die Persönlichkeit im Mittelalter ist … keine einmalige Individualität, die gerade dank ihrer Besonderheiten gewür-

terlichem Verständnis die Objektivität schlechthin, kennzeichnet ihr Werk. Ob man sie dennoch der Mystik zurechnet oder nicht, hängt letztlich von der Mystikdefinition ab. Der von Sudbrack geprägte Begriff der ›Schaumystik‹ trägt Hildegards Blick aufs Ganze Rechnung und ordnet sie somit in die Geschichte der Mystik ein.

13 David zwischen Weisheit und Prophetie. Buchmalerei aus einem Psalter des 11. Jahrhunderts. Rom, Biblioteca Vaticana Palatina

Am zutreffendsten wird Hildegard wohl, wie von Dinzelbacher, als »visionäre Theologin« oder aber, etwa bei McGinn, als »prophetische Lehrerin« bezeichnet, was dem theologischen Charakter ihres Werks Rechnung trägt. Predigt und Lehre sind Frauen untersagt, wobei Hildegards Hagiograph freilich auch die Ausnahme kennt, die bekanntlich die Regel bestätigt: »Es bietet sich uns ein schöner Vergleich an mit Debora und ihrer Stätte und unserer Prophetin und ihrer Wohnstatt. So spricht Origenes darüber: ›Es ist für das Geschlecht der Frauen kein geringer Trost, daß sie der Prophetengabe teilhaftig werden können, ein Umstand, der sie ermuntert, nicht wegen der Schwäche ihres Geschlechts zu verzweifeln.‹« (L 81) Die tröstlichen Worte des hier etwas milder als gewöhnlich gestimmten Kirchenvaters beschreiben Prophetie und Vision als Freiräume weiblicher Lehre, denn

digt wird. Eine positive Bewertung in der Persönlichkeit erhält vorwiegend nur das Typische, sich Wiederholende und daher solche Eigenschaften, die sie für den Umgang und zum kollektiven Handeln mit ihresgleichen, gemeinsam mit anderen Mitgliedern einer sozialen Gruppe oder Korporation, tauglich machen. Nicht der Teil, sondern das Ganze, nicht die Individualität, sondern die Universitas tritt in den Vordergrund.«

Gott bedient sich, um den Menschen die Wahrheit zu künden, auch des weiblichen Geschlechts. Theoderich, dessen Aufgabe als Hagiograph darin besteht, Hildegards Vorbildlichkeit zu belegen, hat somit über ihre Anbindung an das Wirken der alttestamentarischen Prophetinnen die Klippe der für das mittelalterliche Denken anstößigen öffentlichen Lehre und Rede einer Frau erfolgreich umschifft.

Auch Hildegard sieht sich in der Traditionsfolge des alttestamentarischen Prophetentums und unterstreicht, daß man in Mainz der einhelligen Meinung war, ihre Schau »komme aus Gott und aus der prophetischen Begnadung, durch die einst die Propheten gesprochen haben« (L 73). Eine geschlechtsspezifische Unterscheidung trifft sie allerdings nicht, so daß vor allem die Propheten zu Vorbildern ihres Wirkens werden.

Prophetie bedeutet nach dem griechischen Wortsinn ›für einen anderen sprechen‹. Wenn Hildegard »ich« sagt, ist zumeist das göttliche Ich gemeint. Hildegard ist dessen Gefäß, sein Spiegel, das Instrument in den Händen eines anderen. Nicht anders nehmen die Zeitgenossen Hildegard wahr. Ihre Wertschätzung gilt der *prophetissa teutonica*, der rheinischen Sybille. In ihr erneuert Gott »die Gnadenwunder der Vorzeit in unseren Tagen« (B 146), ja wird der »Geistesgipfel der alten Propheten« (B 163) noch überstiegen.

Inhaltlich kann sich Prophetie auf zukünftige Ereignisse oder auf dem Normalsterblichen verborgenes Wissen beziehen, wie Hildegards Sequenzen über die letzten Dinge sowie die Anfragen von Bittstellern belegen. Auch ihr machtvolles Auftreten in der Öffentlichkeit, die harschen Worte von bisweilen schneidender Schärfe, mit denen sie als Sprachrohr Gottes weltliche und geistige Würdenträger tadelt, sind Ausdruck des Prophetenamtes. Der Kern von Hildegards Prophetentum besteht allerdings in der Verkündigung der Wahrheit. »Die Prophetengabe«,

Denn nicht grundlos steht geschrieben, Sara stand hinter Abraham, sondern um zu erweisen, daß, wenn der Mann zum Herrn schreitet, die Frau ihm zu folgen hat … Weiterhin wollen wir zum höheren Intelligenzgrad aufsteigen, und so wollen wir sagen, daß der Mann in uns einen verständigen Sinn habe, und die Frau, die gewissermaßen seine Gehilfin ist, ist unser Fleisch. Das Fleisch mag also immer dem Verstand folgen und niemals in irgendeinen Müßiggang geraten, so daß dieser Verstand dann etwa der Fleischeswollust und Üppigkeit verfalle. *Origenes, Genesis Homilie, Ic. 4, 4*

so Hildegard über die Propheten des Alten Testamentes, »weissagte den Menschen über ihre Vision die Weisheit und das Wissen.« (LVM 86). Nicht anders beschreibt die himmlische Stimme Sinn und Zweck von Hildegards Schau: »Die Menschen sollen dadurch ihren Schöpfer erkennen lernen und sich nicht länger weigern, Ihn in Ehrfurcht würdig anzubeten.« (LDO 21).

14 Der Prophet Jesaja. Relief an der inneren Westwand der ehemaligen Abteikirche Ste. Marie in Souillac, 1120–1135

Hildegards Prophetentum bestimmt nicht nur ihr Werk, sondern auch ihr Leben. »Bei meiner ersten Formgebung, als Gott mich im Mutterschoß durch den Hauch des Lebens erweckte, prägte er dieses Schauen meiner Seele ein« (L 71), schreibt Hildegard. Die Formulierung bezieht sich auf die Aussage des Propheten Jesaja (49,1): »Der Herr hat mich vom Mutterschoße an berufen, im Mutterschoße meinen Namen schon genannt.« (vgl. auch Jeremia 1,5). Hildegard knüpft somit schon rein formal an die Tradition der alttestamentarischen Propheten an. Auch in weiteren biographischen Elementen ist Hildegard biblischen Vorgaben verpflichtet. Das machtvolle, denn von Gott ermäch-

Und die Propheten gleichen den vier Weltangeln, die die Grenzen der Erde tragen. Denn sie harrten starkmütig aus, da sie den Erdenkreis ob der hereinbrechenden Frevel zurechtwiesen und dadurch zugleich Gott offenbarten. (B 169)

Hildegard über die Propheten des Alten Testaments

tigte Auftreten der Prophetin bleibt stets mit den Erfahrungen von Krankheit und Schwäche, Zittern und Zagen kontrastiert, die das alttestamentarische Vorbild des ergriffenen, unter der Hand Gottes erschaudernden Menschen spiegeln. Immer wieder leuchtet in ihrer Selbstcharakterisierung das Vorbild des empfindsam-zögerlichen, mit Krankheiten geschlagenen Propheten Jeremias auf. Als Vorbilder im Neuen Testament lassen sich Paulus, »der die anderen Jünger im Predigen überragte und dennoch sich selbst dem Nichts gleichachtete« (vgl. 2 Kor 12,1ff.) und vor allem der mit dem Lieblingsjünger Christi identifizierte Evangelist Johannes ausmachen: »Auch (er) war erfüllt von zarter Demut, weshalb er so vieles aus dem göttlichen Quell zu schöpfen vermochte.« (B 226). So gibt es nichts Eigenes, auf das sich der zum Sprachrohr gewordene Mensch berufen könnte. Dem machtvollen Ich, das durch sein Werkzeug handelt, steht das ohnmächtige Ich des wieder aus der Hand gelegten Werkzeuges gegenüber: »Ich aber bin ständig von zitternder Furcht erfüllt. Denn keine Sicherheit irgendeines Könnens erkenne ich in mir.« (B 226). Ebenso wie bei ihren Vorbildern schwingt ein inneres Pendel zwischen ICH und Ich, d.h. zwischen dem hohen Bewußtsein der Erwähltheit und tiefer persönlicher Demut.

›Prophetentum als literarische Existenz‹ lautet der Titel eines Aufsatzes von Christel Meier, die unterstreicht, wie stark Werk und Leben Hildegards biblischen Vorbildern folgen. Sehr zu Recht betont die Autorin, daß durch die Erkenntnis der Stilisiertheit der Selbstaussagen deren »existentielle Wahrheit« nicht in Zweifel gezogen wird. Hildegards Prophetentum ist keine Tarnung, um – wie bisweilen zu lesen ist – kirchlicher

Schreibe, was du siehst und hörst!

Da antwortete ich aus dem innersten Erkennen meines Schauens: »Ich bitte Dich, Herr, gib mir Verstehen, daß ich diese Geheimnisse in Worte fassen kann. Verlaß mich nicht, sondern gib mir Kraft aus der Morgenröte Deiner Gerechtigkeit, in der Dein Sohn sich offenbarte. Gib Du mir ein und laß mich erkennen, wie ich den göttlichen, den ewigen Ratschluß kundtun soll ...«

Und wiederum hörte ich, wie Er sprach: »Wie schön sind Deine Augen, wenn du Gottestaten kündest und wenn in ihnen die Morgenröte des göttlichen Ratschlusses aufleuchtet!«

Ich hinwider antwortete: »Wie Asche und Aschenkot bin ich vor mir im tiefen Grunde meiner Seele und wie verwehender Staub. Zitternd verweile ich im Schatten wie unter schützenden Flügeln. Vertilg' mich nicht als einen

Verfolgung zu entgehen, ist kein Gewand, das sie nach Belieben an- und ablegen kann. Es ist die Form, in die sie sich faßt, die ihrem Leben Gestalt verleiht.

Dies nachzuvollziehen fällt heute nicht leicht, da mit den beiden historischen Epochen wiederum zwei entgegengesetzte Denkweisen aufeinandertreffen. Für das traditionsbewußte Mittelalter sind Vorbilder von großer Wichtigkeit. Menschliches Gelingen erweist sich in der höchstmöglichen Nähe zum Vorbild. Die Bedeutung der Lebensführung biblischer Gestalten oder aber der Heiligen verdeutlicht Bernhard am Beispiel von Siegel und Wachs: »Diese Tugenden sind die Form, in die wir uns eindrücken sollen.« Im modernen Denken hingegen ist nicht die Gleichförmigkeit mit dem Vorbild, sondern die Individualität des Menschen wichtig. Es läßt sich allerdings fragen, inwieweit individuelle Qualitäten wie Originalität, Spontaneität und Kreativität selbst wiederum vom Zeitgeist bereitgestellte Formen sind, in die sich das Leben zu fügen hat. Und auch an so manchen modernen Seelen- und Beziehungsdramen mag man eine unterschwellige Dramaturgie von literarischen, vor allen Dingen aber in den Bildmedien reproduzierten Mustern erkennen, die dem Schmerz eine Form geben, was keineswegs besagt, daß das Erleben nicht real schmerzlich wäre. Nicht ganz zu Unrecht läßt sich die mittelalterliche Wertschätzung für Vorbilder und Verhaltensmuster als Überschätzung bewerten. Heute hingegen neigt man dazu, ihre Bedeutung zu unterschätzen, und dies zumal bei der Beurteilung historischer Gestalten, deren Leben anderen Werten unterworfen ist.

Festzuhalten bleibt, daß es keinen Sinn macht, zwischen der ›wahren Hildegard‹ und ihrer Rolle zu unterscheiden. Hildegards Leben ist das Wachs, das Prophetentum das literarische Siegel. Derart ›geprägt‹ tritt sie uns aus ihren Schriften entgegen. Eine weitere Prägung, nun mit dem Siegel der Heiligkeit, erfolgt

Fremdling aus dem Land der Lebendigen! Denn schwer mühe ich mich ab mit dieser Schau. Und wegen der Geringheit meiner unbeholfenen Einsicht, die mein Anteil im Fleische ist, stelle ich mich an den geringsten, niedrigsten Platz, weil ich nicht wert bin, Mensch zu heißen. Groß ist meine Furcht, und ich wage nicht, Deine Geheimnisse kundzutun. O Vater, voll Güte und Milde, belehre mich, was Dein Wille ist und was ich reden soll. Vater, Schauererregender, Liebreichster, der Du voll bist jeglicher Gnade, verlaß mich nicht, sondern bewahre mich in Deiner Barmherzigkeit!« *Sci 218*

in ihren zeitgenössischen Lebensbeschreibungen. Der heutige Leser ist eher am Individuum und weniger am Medium interessiert, so daß manche Frage offen, manche bittere Lücke bleibt, die aufgrund der Quellen weder geschlossen werden kann noch geschlossen werden darf, da sie eben Ausdruck von Hildegards Selbstverständnis und dem Zeitgeist ihrer Epoche ist.

15 Der Blick der Seherin ist aufwärts gewandt. Am Himmel findet sich ein Fenster, hinter dem eine gewaltige Vision darauf wartet, Werk zu werden. Das Fenster steht der Seherin offen, so daß der jenseitige Gnadenstrom ins Diesseits hinüberfließen kann. Entsprechend ziehen sie die Zeitgenossen in Zweifelsfragen zu Rate. Auch empfiehlt man sich ihren Gebeten an, denn das Fenster steht nicht nur für die jenseitigen Gnadenströme ins Diesseits, sondern auch für diesseitige Anliegen, die ins Jenseits getragen werden, offen. Hildegard, eingerahmt von ihren Mitarbeitern Richardis und Volmar, hält ihre Schau auf Wachstafeln fest. Es folgt eine Abschrift auf Pergament, die von Volmar grammatikalisch verbessert und von Hildegard korrigiert wurde. Die Reinschrift wurde im Scriptorium auf dem Rupertsberg vorgenommen. Ausschnitt aus einer Miniatur aus de, ›Liber divinorum operum‹. Lucca, 13. Jahrhundert

Das Kloster Rupertsberg

Inzwischen hatte sich Hildegards Ruf weithin verbreitet, so daß die an das Kloster Disibodenberg angeschlossene Frauengemeinschaft zum Anziehungspunkt der Töchter des Adels wurde: »Da die Klause als Wohnstatt kaum alle zu fassen vermochte und man eine Verlegung oder Erweiterung der Gebäulichkeiten erwog, wurde Hildegard vom heiligen Geist jene Stätte gezeigt, wo die Nahe in den Rhein mündet, nämlich der Hügel, der früher vom heiligen Bekenner Rupertus seinen Namen erhielt.« (L 58). Die erneute Schau fiel zeitlich in etwa mit der päpstlichen Prüfung und Anerkennung von Hildegards Visionen zusammen. Ihr Ansehen und ihre Autorität wurden gestärkt und somit günstige Voraussetzungen für den schwierigen Ablösungsprozeß vom Männerkloster geschaffen. Freilich lag den Zeitgenossen wie auch Hildegard eine solche Bewertung fern. Von Interesse waren vielmehr neue göttliche Kundgebungen aus dem Mund der wiederum schwer erkrankten Seherin: »Eine Zeitlang waren meine Augen umdunkelt, ich vermochte kein Licht mehr zu sehen. Ich fühlte meinen Körper von einer derartigen Last niedergedrückt, daß ich mich nicht erheben konnte, und lag mit heftigen Schmerzen danieder. Dies erlitt ich deshalb, weil ich die Schau, die mir gezeigt worden war, nicht offenbaren wollte: daß ich von dem Ort, wo ich Gott geweiht worden war, zusammen mit meinen Schwestern an einen anderen Ort ziehen sollte. Das erlitt ich so lange, bis ich meinen jetzigen Wohnort

Klosterleben und -ämter zur Zeit Hildegards:
Die Äbtissin (der Begriff leitet sich vom Abt, *abba* = mein Vater, ab und müßte richtiger *amma* = meine Mutter lauten) wurde von den Schwestern gewählt, oft wurden aber auch Frauen aus der Familie des Klosterstifters oder eines Gönners ernannt. Trotz Einschränkungen kam der Äbtissin eine machtvolle Stellung sowohl innerhalb als auch außerhalb des Klosters zu. Als Grundbesitzerin gebot sie über abhängige Bauern, als Lehnsherrin übte sie wichtige Rechtsfunktionen aus. Nonnenklöster waren, wie die der Mönche, in das Feudalsystem einge-

16 Maria Magdalena, um 1100

(Rupertsberg) angab. Sofort erhielt ich die Sehfähigkeit zurück, fühlte mich zwar erleichtert, doch war ich von der Schwäche nicht völlig befreit.« (L 77). In der Tat sollte die vollständige Genesung erst mit der erfolgreichen Umsetzung des göttlichen Auftrages eintreten. In der Zwischenzeit spiegelte der Verlauf der Krankheit den Stand der Auseinandersetzungen: »Seitdem sie nämlich vom Himmel die Weisung erhalten hatte, den Wohnsitz zu wechseln, spürte sie jedesmal, wenn die Angelegenheit sich günstig entwickelte, eine Linderung ihres körperlichen Leidens. Und umgekehrt: Wenn die Bemühungen am Widerspruch der Gegner zu scheitern schienen, litt sie unter stärkeren Beschwerden.« (L 60f.).

Heute wird man kaum anders können, als sich zu wundern und den Verdacht zu hegen, daß hier – bewußt oder unbewußt – mit allen Mitteln gekämpft wurde. Die Vita hingegen bewertet den Willen, der so machtvoll auf Durchset-

bunden und lebten aus den Erträgen ihrer Güter und Besitzungen. Weitere Klosterämter sind die *Priorin* (Vertreterin der Äbtissin), die *Cellerarin* (Zuständig für die Versorgung mit Nahrung) und die *Kämmerin* (zuständig für Kleidung). Ein wichtiges Amt hatte die *Kantorin* inne, meist eine Frau von hoher Bildung, die für die liturgischen Gesänge und oft auch für die Bibliothek zuständig war und das Scriptorium leitete. Die *Infirmarin* pflegte nicht nur Kranke, sondern fungierte auch als Ärztin und Apothekerin. Da Nonnen nicht ordiniert werden konnten (und können), blieben die Klöster in der Seelsorge (Beichte,

zung dringt, daß er sich auch Hildegards Körper bemächtigt, als Willen Gottes und folglich Krankheit und Genesung als göttliche Zeichen. Im übrigen folgt die Krankheitsgeschichte dem Legitimationsmuster von Hildegards Prophetentum – gerade die Schwäche des zum Werkzeug gewordenen Menschen belegt seine Erwähltheit, d.h. in diesem Falle die Legitimität der dem göttlichen Willen entsprechenden Neugründung.

Die Disibodenberger Mönche waren keineswegs mit dem Plan einverstanden, fiel doch vom Ruhm Hildegards auch ein Abglanz auf ihr Kloster, steigerte dessen Ansehen und somit die Bereitschaft des Adels zu frommen Schenkungen. Hildegard berichtet vom Widerstand der Mönche: »Von mir behaupteten sie, ich habe mich durch ein Trugbild täuschen lassen. Als ich das hörte, wurde mein Herz betrübt, mein Fleisch und meine Adern erstarrten.« Auf dem Krankenbett darniederliegend, vernahm Hildegard sodann eine gewaltige Stimme, »die mir verbot, weiterhin an diesem Ort etwas über die Vision zu sagen oder zu schreiben« (L 77). Somit war von höchster Stelle eine Art Visionsstreik verfügt worden – eine seltsam anmutende, in sich allerdings durchaus schlüssige Wendung in einem offenbar eskalierenden Streit. An einem Ort, wo der göttliche Wille mißachtet wurde, war fortan mit keinerlei weiteren Kundgebungen des göttlichen Willens mehr zu rechnen.

An anderer Stelle macht die Vita, wohl nicht zuletzt, um den Abt zu entlasten, in Arnold, einem einfachen Mönch, den eigentlich Schuldigen aus: »Er hatte durch seine grimmige Hartnäckigkeit anscheinend auch die anderen zur Widersetzlichkeit bewogen.« Ihm, der lästerliche Reden gegen Hildegards Pläne hielt, soll die Zunge so angeschwollen sein, daß sie kaum noch in den Mund paßte. Erst auf das Gelöbnis hin, seinen Widerstand einzustellen, gesundete er. Derart belehrt, verlegte er sich darauf, sich nicht mehr mit dem Mundwerk, sondern nun

Sakramente) und – aufgrund der Klausur – zur Vertretung in Rechtsgeschäften auf Männer angewiesen. Gottesdienste, Verrichtung der Stundengebete und Andachten bestimmten den Tagesablauf, der von sieben Gebetszeiten (*Horen*) gegliedert wurde (und wird). Bedingt durch die ausgedehnten Gebete (ca. 7 Stunden), aber auch durch den Unwillen der adligen Töchter, übernahmen Mägde im wesentlichen die Hausarbeiten. Spinnen, Weben und Sticken sowie das Abschreiben und Illuminieren von Handschriften waren typische Arbeiten von Nonnen.

im Handwerk zu betätigen, und reihte sich sogleich in die Gruppe der fleißigen Helfer ein: »Eigenhändig rodete er die Weinstöcke aus, wo die Gebäude zur Aufnahme der Nonnen gebaut werden sollten.« Auch der Abt soll, glaubt man der Vita, in der Erkrankung Hildegards den Willen Gottes erkannt und daher seine Zustimmung gegeben haben: »Und er sah ein, daß er sich nicht länger der göttlichen Weisung widersetzen dürfte, wenn er selbst nicht noch Schlimmeres erleiden wollte.« (L 59). Tatsächlich hingegen war Markgräfin Richardis von Stade, die tatkräftige und einflußreiche Mutter der gleichnamigen Mitschwester Hildegards, die eine geborene von Sponheim-Lavanttal, d.h. eine Verwandte Juttas von Sponheim war, zwischenzeitlich aktiv geworden. Hildegard hatte also den Einfluß ihrer Familie und ihre Beziehungen zum lokalen Adel erfolgreich geltend gemacht. Markgräfin Richardis wandte sich direkt an Erzbischof Heinrich I. von Mainz, der die Erlaubnis erteilte und Abt Kuno anwies, Hildegard ziehen zu lassen. Etwa im Jahr 1150 siedelte sie mit 18 oder 20 Schwestern auf den Rupertsberg über, wo die Bauarbeiten bereits seit geraumer Zeit im Gange waren, so daß die Nonnen hier eine neue, vorerst bescheidene Unterkunft fanden.

Hildegard hatte das Gelände »mit Hilfe von Schenkungen der Gläubigen, die der Ruf ihres Namens hierhergeführt hatte, und zwar teils durch Barzahlung, teils durch Tausch erworben. Da sie es frei erworben hatte, entschied sie, daß es auch für immer frei bleiben sollte, d.h. nur der Schutzherrschaft der Mainzer Kirche unterstellt«. Freiheit ist hier nach mittelalterlichen Bedingungen zu definieren, d.h. als Freiraum innerhalb einer rechtlichen Unterordnung. Um diese Freiheit zu verwirklichen, sollten weitere Regelungen notwendig werden, denn noch war Hildegards Kloster eng mit dem Disibodenberg verflochten. Ein neuer Konflikt entstand, als sich Abt Kuno

Für den Menschen des Mittelalters bedeutete Freiheit etwas ganz anderes als für uns heute. Für ihn ist Freiheit gleich Privileg, weshalb das Wort häufig im Plural gebraucht wird ... Frei ist, wer einen mächtigen Beschützer hinter sich hat.

Jacques LeGoff, Kultur des europäischen Mittelalters, 1970

weigerte, die seiner Verwaltung unterstellte Mitgift der Nonnen, d. h. Liegenschaften und deren Erträge, ans Kloster Rupertsberg abzugeben. Die Neugründung befand sich somit in einer prekären Finanzsituation, die sich erst allmählich durch großzügige Schenkungen von Hildegards Verwandten und des lokalen Adels verbesserte. Als des weiteren Mönch Volmar, der auf dem Rupertsberg das Amt des Propstes versah, in das Männerkloster zurückberufen werden sollte, war offenbar – für wen auch immer – die Schmerzgrenze erreicht.

Hildegard begab sich »auf Gottes Mahnung hin« zum Disibodenberg. Wiederum wird von einer Erkrankung berichtet, die so schwer war, daß Hildegard aufs Pferd gehoben werden mußte: »Kaum war sie eine ganz kurze Strecke weit geführt worden, da kehrten ihre Kräfte zurück, und sie ritt freudig voran.« (L 63). In einem Schreiben an ihre Mitschwestern berichtet Hildegard, was ihr »armseligem Gebilde« den Mönchen zu verkünden aufgetragen war: »Haben einige von euch in ihrer Unwürdigkeit gesprochen ›Wir wollen ihren Besitz verringern‹, so spreche ICH, DER ICH BIN (Ex 3,14): ›Ihr seid die schlimmsten Räuber! Wenn ihr aber versuchen solltet, den Hirten der geistlichen Heilkunst (Volmar) den Nonnen zu entziehen, dann sage ich euch weiter: Ihr seid den Söhnen Belials (des Teufels) gleich und habt die Gerechtigkeit Gottes nicht vor Augen. Deshalb wird Gottes Strafgericht euch vernichten!‹« (B 105). Nach diesen markanten Worten habe sich die Angelegenheit zum Guten gewandt. Allerdings sollten noch komplizierte Verhandlungen notwendig werden, die Hildegard mit dem Nachfolger Kunos († 1155), Abt Helenger, führte. Allein die geistliche Beziehung zwischen den Klöstern blieb bestehen. Das Kloster Disibodenberg verpflichtete sich, einen Propst nach Wahl der Nonnen zu stellen und diesen nicht gegen ihren Willen abzuberufen. Der Vertrag regelte weiter die Be-

Der **Propst** ist der geistliche Vater des Frauenklosters. Er stammte im allgemeinen aus dem Mönchskloster, zu dem das Frauenkloster in enger Beziehung stand. Er war zuständig für die geistliche Betreuung der Nonnen (Beichte, Messe, Sakramente) und zugleich Sachverwalter in Rechtsangelegenheiten und Verwaltungsaufgaben, da der Aktionsradius der Äbtissin durch die Frauen auferlegte Klausur eingeschränkt war.

sitzverhältnisse und führte so zur rechtlichen Entflechtung der Klöster. Mit der Zahlung einer beträchtlichen Geldsumme verstand es Hildegard geschickt, den Trennungsschmerz der Mönche zu lindern. Vom Mainzer Erzbischof erlangte sie für ihr Kloster die Zusicherung des Rechtes auf freie Wahl der Äbtissin. Des weiteren bestand sie auf der schriftlichen Fixierung der Abmachungen, die 1158 in zwei Urkunden festgehalten wurden. Hildegard konnte ferner von Kaiser Friedrich Barbarossa einen im Jahr 1163 ausgestellten Schutzbrief erwirken, der die Besitzungen und Rechte des Rupertsberges bestätigte und jedem Friedensbrecher kaiserliche Vergeltung androhte.

Hildegard hat unter umsichtiger Nutzung ihrer Beziehungen zum lokalen Adel die rechtliche und finanzielle Basis ihres Klosters gesichert und dessen weitgehende Unabhängigkeit verwirklicht. Für moderne Betrachter sind Hildegards Realitätssinn und pragmatisches Geschick augenfällig, während Wibert von Gembloux, der Jahre später (1177) vom Rupertsberg aus an einen Freund schreibt, vor allem »ein weiteres Wunder« wahrnimmt: »Dieses Kloster ist nicht etwa von einem Kaiser oder Bischof, einem Mächtigen oder Reichen dieser Erde, sondern von einer armen, zugezogenen schwachen Frau gegründet worden. Innerhalb kürzester Zeit, seit siebenundzwanzig Jahren, hat es sich sowohl dem monastischen Geist wie auch dem äußeren Aufbau nach hoch entwikkelt, so daß es durch nicht prunkvolle, wohl aber stattliche und geräumige Gebäude – wie sie sich für Nonnen eignen – und dadurch, daß man in sämtliche Räume eine Wasserleitung gelegt hat, in allem wohlbestellt ist. Nicht nur für die vielen Gäste, die dem Hause Gottes niemals fehlen und die verschiedenen Angestellten, deren es eine ganze Anzahl gibt, sondern auch für rund fünfzig Schwestern sind alle Ausgaben

Schon bald nach 1163 sollte sich das Verhältnis zu **Kaiser Friedrich I.** verschlechtern. Der Kampf zwischen Papst- und Kaisertum um den Vorrang der Macht hatte ab 1159 zu einem Schisma geführt, das 18 Jahre lang dauerte. Hildegard unterstützte Alexander III. (1159–1181), Elisabeth von Schönau hingegen die kaiserlichen Päpste. Das Schisma spaltete somit auch die Kundgebungen des göttlichen Willens, die – je nach Visionärin – die Rechtmäßigkeit der einen oder der anderen Partei offenbarten. Im Kontext des Schismas steht ein Schreiben, das nachdrücklich Hildegards Selbstverständnis als Prophetin unterstreicht. Mit

17 Das Kloster Rupertsberg wurde 1632 während des Dreißigjährigen Krieges zerstört und nicht wieder aufgebaut. Auch die Eibinger Schwestern wurden vertrieben, das Klosterleben allerdings 1636 wieder aufgenommen. 1814 wurde die Abtei Eibingen säkularisiert, 1904 erfolgte die Neugründung.

für Kleidung und Nahrung gut gedeckt.« (B 232f.). Da zu dieser Zeit in einem Frauenkloster normalerweise zwischen 20 und 30 Nonnen lebten, beherbergte das Rupertsberger Kloster mit seinen 50 Nonnen einen überdurchschnittlich großen Konvent.

Etwa 1165 erfolgte aufgrund des weiteren Zustroms von Nonnen Hildegards Zweitgründung in Eibingen (bei Rüdesheim), wo sie ein leerstehendes Augustiner-Doppelkloster erwarb. Hildegard stand nun zwei Klöstern vor und soll zweimal wöchentlich auf einem Kahn den Rhein überquert haben, um das dem Rupertsberg gegenüberliegende Kloster zu besuchen.

Worten von äußerster Schärfe ergeht aus ihrem Mund die göttliche Strafandrohung an den Kaiser: »Der da IST, spricht: Die Widerspenstigen zerstöre Ich, und den Widerstand derer, die Mir trotzen, zermalme Ich durch Mich selbst. Wehe, wehe diesem bösen Tun der Frevler, die Mich verachten! Das höre, König, wenn du leben willst! Sonst wird Mein Schwert dich durchbohren!« (B 86)

18 Maria und Elisabeth. Psalter aus Thüringem / Meißen, 2. Hälfte 13. Jahrhundert

Richardis

In die Frühzeit des Klosters Rupertsberg fällt der Konflikt um Richardis, die Tochter des Markgrafen Rudolf und ihrer gleichnamigen Mutter, die in Mainz erfolgreich für die Ablösung vom Disibodenberg interveniert hatte. »Als ich das Buch ›Scivias‹ schrieb, war ich einer adligen Nonne, der Tochter der genannten Markgräfin, in voller Liebe zugetan, so wie Paulus dem Timotheus. Sie hatte sich mir in allem in liebender Freundschaft verbunden und litt in meinen Leiden mit mir, bis ich das Buch vollendet hatte« (L 79f.), schreibt Hildegard über ihre Mitarbeiterin und Vertraute. Als Richardis zur Äbtissin des Stiftes Bassum bei Bremen gewählt wurde – eine Wahl, die nicht zuletzt auf den Einfluß ihres Bruders, des Bremer Erzbischofs Hartwig, zurückzuführen war –, traf dessen Aufforderung, Richardis freizugeben, auf massiven Widerstand: »Der durchsichtige Quell, der nicht trügerisch ist, sondern gerecht, spricht: Die Gründe, die für die Erhebung jener Nonnen (zur Äbtissin) vorgebracht werden, haben bei Gott kein Gewicht.« (B 95). Auch an die Markgräfin ergeht ein Schreiben Hildegards mit der dringenden Aufforderung, Richardis, »die ich jetzt leuchten sehe im Morgenrot, geschmückt mit einem Perlengeschmiede von Tugenden«, im Kloster Rupertsberg zu belassen, »denn die Äbtissinnenwürde ist sicher, sicher, ja sicher nicht von Gott« (B 96). An der dreimaligen, fast flehentlichen Versicherung des göttlichen Willens wird die Bestürzung Hildegards über den Verlust der Richardis deutlich, den sie selbst durch eine Intervention bei Papst Eugen III. nicht abwenden konnte. »Weh mir Mutter, weh mir Tochter!« schreibt sie an Richardis in Bassum. »Warum hast du mich wie eine Waise zurückgelassen? Ich habe den Adel deiner Sitten geliebt, deine Weisheit und deine Keuschheit, deine Seele und dein ganzes Leben, so daß viele sagten: ›Was tust du?‹« (B 98). Daß die Tochter, wie Hildegard formuliert, zugleich die Mutter war, verweist auf ein Verhältnis der wechselseitigen Obhut und Förderung, das Richardis zur unverzichtbaren Stütze der mit der Niederschrift von ›Scivias‹ ringenden Äbtissin werden ließ: »Nur mit Mühen brachte ich in zehn Jahren dieses Werk zustande und vollendete es.« (Sci 90). Auch Richardis scheint mit der Trennung von Hildegard nicht glücklich geworden zu sein. Ein Brief des Bremer Erzbischofs, der Hildegard vom Tod der Richardis (1152) in Kenntnis setzt, berichtet von den »Tränen, die sie über das Verlassen deines Klosters vergossen hat«. Und er bittet Hildegard, jeglichen Gram über Richardis zu vergessen, da er »nicht auf sie, sondern auf mich zurückzuführen war« (B 99) – ein versöhnlicher Brief, auf den Hildegard mit einem versöhnlichen Antwortschreiben reagiert. Der Konflikt um Richardis ist einer der wenigen Momente in Hildegards Leben, in dem das ICH, als dessen Werkzeug sie sich versteht, auf ihr Ich durchlässig wird, so daß die streng stilisierte Gestalt der Prophetin weichere Züge gewinnt: »Denn mein Herz war voll von Liebe zu ihr, weil das Lebendige Licht in einer starken Schau mich lehrte, sie zu lieben.« (B 100).

Hildegard und Tenxwind

Das 12. Jahrhundert ist eine Zeit vielfältiger Auf- und Umbrüche, so auch im Ordenswesen, das über Jahrhunderte hinweg von den adligen Reichsklöstern der Benediktiner bestimmt worden war und nun von mächtigen Reformbewegungen erschüttert und umstrukturiert wurde. Die Lebensgewohnheiten in den Klöstern hatten sich weit von der Benediktsregel entfernt. Ausgedehnte Grundbesitzungen sorgten für Reichtum und dafür, daß weltliche Geschäfte ein Leben in Abgeschiedenheit unmöglich machten. Im Verhältnis von Gebet und Arbeit, die beide das klösterliche Leben bestimmen sollten, war das Gebet stark in den Vordergrund getreten. Die Prachtentfaltung und die liturgischen Bräuche bei den Cluniazensern, einem Reformorden der Benediktiner, deren Gottesdienste an gewöhnlichen Tagen bis zu sieben Stunden, an Festtagen noch länger dauerten, dienten dem Lobpreis und der Verherrlichung Gottes, des königsgleichen Herrschers über Himmel und Erde, und der Fürbitte für die gesamte Christenheit. In Abgrenzung hierzu kennzeichnete ein Leben in evangelischer Armut und die Betonung der Handarbeit, d.h. die Rückbesinnung auf die Regel Benedikts von Nursia (*um 480), des Begründers des abendländischen Mönchtums, den Reformorden der Zisterzienser. Bruno von Köln (1030/35–1101), ebenfalls ein

19 Majestas Domini. Der segnende Christus in der Mandorla auf der Himmelskugel thronend. Illumination aus dem Goldenen Evangelienbuch Kaiser Heinrichs III., 11. Jahrhundert

20 Zisterzienser als Landbauern. Kolorierte Autotypie nach einer Zeichnung von E. Klein, 1890

berühmter Vertreter der Reformbewegung, gründete den Kartäuserorden, der eine Erneuerung des Lebens der Mönche auf der Grundlage des altchristlichen Eremitenwesens anstrebte. Norbert von Xanten (um 1082–1132), der Gründer des Prämonstratenserordens, setzte dasselbe Reformideal für Kanoniker um. Generell gingen starke Reformimpulse von den Regularkanonikern aus, die sich in verschiedene Gruppen unterteilten. Richard von Springiersbach († 1158) vertrat eine besonders strenge Richtung, die sich durch die radikale Befolgung des Armutsgebotes auszeichnete. Die Gründung des Springiersbacher Kanonikerstifts um 1100 geht auf Richards Mutter Benigna, die Witwe eines pfalzgräflichen Ministerialen, zurück. Benigna stammte also aus einem Geschlecht ur-

Gemäß einem wörtlichen Verständnis von lat. *re-formare*, d. h. den ursprünglichen Zustand wiederherstellen, sind **Reformen im Mittelalter** rückwärtsgewandte Aufbrüche zur idealen Epoche christlicher Frühzeit und zielen auf die erneuerte Verbindlichkeit der alten Werte ab.

sprünglich unfreier Dienstmannen, einem Stand, der sich im 12. Jahrhundert im Umbruch befand und im Adel aufgehen sollte. Neue gesellschaftliche Schichten drangen somit in das bislang vom alten Adel dominierte Klosterleben vor.

Im Kontext dieser Entwicklungen steht die Korrespondenz zwischen Hildegard und Tenxwind, der Meisterin des Marienklosters von Andernach. Dieser Briefwechsel ist etwa zwischen 1148 und 1150 zu datieren, fällt also in die Gründungszeit des Klosters Rupertsberg. Tenxwind war die Tochter Benignas und enge Vertraute ihres Bruders Richard von Springiersbach. Zum Zeitpunkt, da sie an Hildegard schrieb, war sie seit über zwei Jahrzehnten Vorsteherin des bedeutendsten Frauenklosters der strengen Springiersbacher Observanz. Als Vertreterin des Armutsideals äußert sie ihr Befremden über die Festtagsliturgie in Hildegards Kloster, kritisiert die offene Haaren der Nonnen und ihre kostbaren Gewänder. Untrennbar mit der prächtigen Prozession der Nonnen ist für Tenxwind die Tatsache verbunden, daß in Hildegards Kloster allein Angehörige des Adels Aufnahme finden: »Außerdem – und das scheint uns nicht weniger merkwürdig – gewährt Ihr nur Frauen aus angesehenem und adligem Geschlecht den Eintritt in Eure Gemeinschaft. Nichtadligen und weniger Bemittelten hingegen verweigert Ihr fast durchweg die Aufnahme in Eure Gemeinschaft. Auch darüber sind wir geradezu erstarrt und ratlos in der Unsicherheit starken Zweifels, da wir im Geiste schweigend überdenken, daß der Herr selbst für die entstehende Kirche unansehnliche und arme Fischer erwählt und der heilige Petrus den damals zum Glauben bekehrten Völkern gesagt hat: ›In Wahrheit habe ich erfahren, daß bei Gott kein Ansehen der Person gilt.‹« Tenxwind beruft sich weiter darauf, daß nach Paulus (1 Kor 1,26f.) Gott für sich nicht die Mächtigen und Vornehmen, sondern gerade die

Regularkanoniker sind Priester, deren Amtsausübung an eine bestimmte Kirche gebunden war und die sich unter Annahme der Regel des hl. Augustinus zu einem gemeinsamen Leben in Armut entschlossen.

Schwachen erwählt habe. Und sie stellt weiter fest, daß in den »Anordnungen der Väter«, d.h. insbesondere in der Benediktsregel, keine Rechtfertigung für dieses Verhalten zu finden sei. »Eine solch große Neuerung im Brauchtum, verehrungswürdige Braut Christi, übersteigt bei weitem das Maß unserer bescheidenen Fassungskraft und hat in uns nicht geringe Verwunderung ausgelöst. Wir winzig Kleinen, die wir in der Euch schuldigen Liebe uns von Herzen über Eure Fortschritte mitfreuen, möchten in bezug auf diese Sache Genaueres von Euch erfahren.« (L 201). Hinter der demütig zweifelnden Anfrage verbirgt sich harsche Kritik an den Gepflogenheiten in Hildegards Kloster.

In ihrem inspirierten Antwortschreibenschreiben – »Der lebendige Quell spricht« – wendet sich Hildegard der Ständefrage zu: »Gott hat dem Volk auf Erden Unterschiede gesetzt, wie Er auch im Himmel Engel, Erzengel, Throne, Herrschaften, Cherubim und Seraphim gesondert hat. Sie alle werden von Gott geliebt und haben doch nicht den gleichen Namen.« Die irdische Hierarchie ist Abbild der himmlischen Hierarchie, die unterschiedlichen Gesellschaftsränge sind wie die Ränge der Engelschöre nach Gottes Willen gesetzt: »Er hat acht, daß sich der geringe Stand nicht über den höheren erhebe, wie Satan und der erste Mensch getan, da sie höher fliegen wollten, als sie gestellt waren.« Ein Durchbrechen der Standesgrenzen kommt also der Ursünde Satans und Adams gleich, die aus Hochmut eine höhere Stellung erstrebten, als ihnen zustand. Durch die Tat dieser beiden ersten ›Umstürzler‹ hielt die Sünde Einzug in der Welt, die nun immer neu die göttliche Ordnung zu stören droht. Hildegards Vergleich besitzt nicht nur eine beträchtliche Schärfe, sondern gibt auch den Kern ihrer Befürchtungen wieder. Sie hält die Adelsexklusivität der alten Klöster aufrecht, da sie andernfalls die klö-

Hildegard beruft sich im Rahmen ihres prophetischen Selbstverständnisses ebenfalls auf die **Erwähltheit der Schwachen**, interpretiert aber Schwachheit im auf Einfalt, Unvermögen und Unbildung übertragenen Sinn. Tenxwind dagegen meint konkret im Vergleich zum alten Adel unterprivilegierte Gesellschaftsgruppen.

sterliche Ordnung gefährdet sieht: »Welcher Mensch sammelt seine ganze Herde in einem einzigen Stall, Ochsen, Esel, Schafe, Böcke, ohne daß sie auseinanderlaufen? Darum soll man auch hier den Unterschied wahren, damit nicht die, die aus verschiedenen Volksschichten kommen, wenn sie zu einer Herde zusammengeschlossen würden, in stolzer Überheblichkeit, beschämt über die Standesunterschiede, auseinandergesprengt werden. Vor allem aber damit, wenn sie sich in gegenseitigem Haß zerfleischen – indem der höhere Stand über den geringeren herfällt und der niedere sich über den höheren stellt –, die Standesehre nicht verletzt werde.« (B 203). Hildegard argumentiert mit dem sozialen Unfrieden, den die Aufnahme nichtadliger Schwestern nach sich ziehen würde.

Zur Gründungsphase des Rupertsbergs berichtet sie von Bedenken, die man gegen den Plan, sich vom Kloster Disibodenberg zu trennen, vorbrachte: »Was nützt es, daß adlige und reiche Nonnen von dem Ort, wo es ihnen an nichts gefehlt hat, wegziehen zu einer Stätte solchen Mangels?« (L 79). Dieser Einwand war so unberechtigt nicht, denn die Unbequemlichkeit der sich noch im Bau befindlichen Neugründung traf nicht den Geschmack einer jeden. Entsprechend wird von Unmutsäußerungen berichtet und davon, daß sich einige Nonnen von Hildegard trennten (L 80). Es scheint, als habe die Äbtissin ihre standesbewußten Schwestern, von denen für manche bereits eine bescheidenere Lebensform ehrenrührig war, gut gekannt. Offenbar war ihnen eine nichtadlige Schwester nur um den Preis innerklösterlichen Aufruhrs ›zumutbar‹.

Hildegards Haltung ist freilich nicht allein von pragmatischer, sondern von grundsätzlicher Natur. In ihrer Visionsschrift ›Scivias‹ beschreibt sie die Gemeinschaft der Kirche als Bauwerk, das an seiner Außenseite zwei Mauern hat, »von denen die äußere die hochgeborenen weltlichen Machthaber dar-

Ob in Hildegards Zweitgründung in Eibingen auch Töchter aus anderen sozialen Schichten Aufnahme fanden, bleibt unklar.

stellt, denen nach meiner (= Gottes) Bestimmung Gewalt verliehen ist, während die innere die Untergebenen sinnbildet, die der geistlichen und weltlichen Macht unterworfen sind.« Sinn der gesellschaftlichen Ordnung ist die Errichtung und Festigung der spirituellen Ordnung im einzelnen, d.h., daß »die äußere weltliche Gewalt … den Menschen an die innere geistige Macht der göttlichen Majestät (erinnert) … Wie sollten sonst die Menschen Gott erkennen und ehren, wenn sie nicht Menschen Ehre und Ehrfurcht zu erweisen hätten.« (Sci 261).

Hildegards Denken, das die unterschiedlichen Ebenen über Analogieschlüsse verknüpft, läßt – wie im Kapitel »Das Buch der göttlichen Werke« deutlich werden wird – einen beeindruckenden Kosmos entstehen, in dem jedes Element mit den anderen verbunden ist. Bindungen können allerdings auch Fesseln bedeuten. Im Fall von Hildegards Soziallehre dient die wechselseitige Verknüpfung der Ebenen der Rechtfertigung und Stabilisierung gesellschaftlicher Herrschaftsstrukturen. Wenn die Hierarchie der Engel der unter den Menschen entspricht, werden Ständegrenzen unverrückbar. Den wohlgeordneten Kosmos, in dem ein jedes Glied die ihm von Gott zugewiesene Position einnimmt, kennzeichnet nicht nur das harmonische Zusammenspiel der Elemente, sondern auch ein strukturell angelegter Konservatismus. Die Tücken dieses Denkens erweisen sich im historischen Kontext, denn für soziale Ände-

21 Krönung Herzog Heinrichs des Löwen. Aus dem Evangeliar Heinrichs des Löwen, 12. Jahrhundert

rungen ist in ihm kein Platz: »Gott schuf nichts, das versucht, im Anflug des Stolzes emporzusteigen, und sich dem Höherstehenden nicht unterwerfen will. Das geschieht dort, wo ein geringerer Stand sich über einen höheren ... zu erheben strebt.« (Sci2 188).

Auch Meisterin Tenxwind stellte die mittelalterliche Ständeordnung nicht grundsätzlich in Frage, ihre Kritik zielte lediglich auf die Sonderstellung des Adels im Kloster. Ihre biblischen Argumente sind kaum von der Hand zu weisen, wie auch die Benediktsregel (Cap. 2) auf ihrer Seite steht. Der Abt »mache im Kloster keinen Unterschied der Person«, denn, so heißt es dort nach Eph 6,8, »ob Sklave oder freier Mann, in Christus sind wir alle eins«. Welches Gewicht die Argumente Tenxwinds besaßen, belegt nicht zuletzt die Form, in der das Schreiben Aufnahme in die Sammlung der Briefe Hildegards fand. Mittelalterliche Briefe sind nicht privater Natur (unterliegen also auch nicht modernen Authentizitätsansprüchen), sondern sind für die Öffentlichkeit bestimmt, die von der Heiligkeit Hildegards zu überzeugen war. Entsprechend läßt Tenxwinds Schreiben beträchtliche Eingriffe erkennen. Textstellen wurden entschärft, Argumente in ihr Gegenteil verkehrt, so daß Hildegards Antwortschreiben in hellstem Licht erstrahlt (vgl. S. 54). Offenbar war zu befürchten, daß Tenxwinds Position sich als allzu plausibel erweisen würde. Und in der Tat stand Hildegard nicht nur im Gegensatz zu den Reformorden, sondern auch zu den Reformbestrebungen innerhalb des Benediktinertums. Die Zukunft allerdings sollte – jedenfalls fürs erste – nicht Hildegards ausgesprochen konservativer Haltung, sondern den Reformkräften gehören.

Das Mittelalter ist durchzogen von jenen kühnen Aufbrüchen zurück in die christliche Frühzeit, die vom Eifer der Gründergeneration getragen wurden, sich im Spannungsver-

»Ein lateinisches Wort, *ordo*, drückt die Unveränderlichkeit jener Gruppen aus, denen die Individuen sich zuordneten, um ein jeder nach seinen Verhältnissen der Wiederauferstehung und dem Heil entgegenzugehen. Ordnung, Rangfolge: bei der Schöpfung hat Gott jedem Menschen seinen Platz zugewiesen, ihm eine Stellung gegeben, die ihm gewisse Rechte verleiht und ihm eine bestimmte Aufgabe beim fortschreitenden Aufbau des Reiches Gottes zuweist. Niemand sollte diesen seinen Zustand verlassen. Jede Störung wäre Frevel.« *Georges Duby, Die Zeit der Kathedralen,* 1984

Die Briefe
Nach den Forschungen des Herausgebers der neuen kritischen Edition der Briefe Hildegards, Lieven Van Acker, gehen die Veränderungen an Tenxwinds Brief bereits auf eine ca. 1173, d.h. zu Lebzeiten Hildegards verfaßte Handschrift zurück, wurden also höchstwahrscheinlich mit Billigung Hildegards vorgenommen. Ebenso ist wahrscheinlich, daß die begeisterten Sequenzen im Antwortschreiben Bernhards von Clairvaux mit Hildegards Wissen eingefügt wurden. Van Acker kommt zu dem Schluß: »Sie hat bewußt Manipulationen, die ihren Ruhm zu vermehren beabsichtigten, genehmigt.« Zu den beträchtlichen Eingriffen, die in der Briefsammlung vorgenommen wurden, gehören Umstellungen in der Brieffolge (so daß z.B. der Eindruck entsteht, Bernhard hätte sich zuerst an Hildegard gewandt), inhaltliche Eingriffe wie Umschreibungen und Auslassungen sowie gezielte Adressenänderungen (z.B. wird ein Brief Papst Eugens III. Papst Hadrian IV. zugeschrieben, von dem ein Schreiben fehlte). Ein Brief an den Kölner Erzbischof Arnold wurde aus mehreren Briefen Hildegards an Laien zusammengestellt. Diese Änderungen nahm man vor, um den Eindruck zu erwecken, Hildegard habe mit möglichst vielen und bedeutenden geistlichen und weltlichen Würdenträgern korrespondiert. Beträchtliche Echtheitszweifel bestehen auch bezüglich des Briefwechsels mit König Konrad III. Van Acker hält es hier für möglich, daß der Bearbeiter des Briefwechsels (wohl Mönch Volmar) »einen hildegardischen Text zu einem Brief an Konrad umgewandelt (und eine Anfrage erdacht) hat«. Nicht anders als bei anderen Heiligen lassen sich so bei näherer Betrachtung am stereotypen Bild der Idealität Brüche erkennen, die – ebenso wie bei den Vorgängen um die Gründung des Klosters Rupertsberg – einen kurzen Blick auf jene Hildegard freigeben, die ihre Interessen sehr wohl zu wahren verstand. Im übrigen mutet im Vergleich zu den Methoden, mit denen etwa Bernhard von Clairvaux seinen Orden förderte und Konkurrenten aus dem Weg räumte, Hildegards Werbung in eigener Sache relativ harmlos an.

hältnis von Ideal und Wirklichkeit aufrieben, um dann in Wohlleben und Adelsdünkel zu versanden. Ein treffliches Beispiel dafür bietet folgende Anekdote aus dem Leben des hl. Dominikus (um 1170–1221): Im August 1206 traf dieser auf einige wohlbeleibte, prunkvoll ausstaffierte Zisterzienser, die unverrichteter Dinge von ihrer Predigt gegen die südfranzösischen

Der hl. Benedikt über die Amtsführung des Abtes:
Bei Anordnungen sei er weitsichtig und besonnen. Ob sein Arbeitsauftrag, den er erteilt, Göttliches oder Weltliches betrifft, wisse er zu unterscheiden und Maß zu halten. Er denke an die Unterscheidungsgabe des heiligen Jakob, der sprach: WENN ICH MEINE HERDE UNTERWEGS ÜBERANSTRENGE, GEHEN ALLE AN EINEM EINZIGEN TAG ZUGRUNDE (Gen

Ketzer zurückkehrten. Beim Anblick der Vertreter des Reformordens, deren Pferde unter der frommen Last zusammenzubrechen drohten, stand Dominikus die Notwendigkeit eines neuen Aufbruchs zu den Ursprüngen deutlich vor Augen. Die Zeit der Bettelorden brach an, die eng mit der zwischenzeitlich vorangeschrittenen Entwicklung der Städte und dem erstarkten Bürgertum verbunden war. Es ist die Zeit des Kaufmannssohnes Franziskus (1181/82–1226), der sich ›Frau Armut‹ zur Geliebten wählte. Kaum war Franziskus gestorben, brach der Streit um die Armut erneut in aller Heftigkeit auf …

Auch Meisterin Tenxwind hat das Schicksal der frommen Mütter- und Vätergeneration ereilt. Im 15. Jahrhundert lebten im Andernacher Marienkloster fast nur noch adlige Nonnen. Tenxwind war zwischenzeitlich zu einer Gräfin von Sponheim avanciert, ein adliges Schmuckstück in der illustren Ahnengalerie der standesbewußten Schwestern. Und auch vom Ruhm Hildegards sollte wenigstens ein Abglanz auf das Andernacher Stift fallen. Richard von Springiersbach, so ›wußte‹ man inzwischen, entschloß sich erst zur Gründung, nachdem er die Äbtissin vom Rupertsberg in dieser Frage konsultiert hatte.

In der Auseinandersetzung zwischen Tenxwind und Hildegard um Ständegrenzen innerhalb des Klosters wird man heute kaum anders können, als die Meinung Tenxwinds zu teilen. Dennoch sollte man sich nicht vorschnell auf ihre Seite schlagen. Die Betonung der Armut Christi und der Apostel nimmt die Berichte des Neuen Testaments ernst, und in reformgesinnten Kreisen folgt man den biblischen Vorbildern oft unter beeindruckenden persönlichen Opfern nach. Hildegard allerdings bezieht sich, wie im folgenden Kapitel deutlich werden wird, auf andere biblische Vorbilder und folglich auf ein anderes Gottesbild. Auch in der Auslegung der Benediktsregel setzt sie andere Gewichtungen, unterstreicht den

33,13). Dieses und andere Zeugnisse für die Unterscheidungsgabe – die Mutter der Tugenden! – nehme er sich vor; so ordne er alles mit Maß, damit die Starken finden, was sie suchen, und die Schwachen nicht weglaufen.

Die Benediktsregel, Cap. , 1982

22 Der hl. Benedikt übergibt die Regel einer Nonne. Miniatur in der Regensburger Regelhandschrift, um 1130. Berlin, Staatsbibliothek

Geist des Maßhaltens und betont somit einen Grundgedanken der Regel, die gerade nicht auf eine gegebenenfalls ruinöse Strenge in der Lebensführung abzielt. Eben dieser Geist der Ausgewogenheit trat im Eifer des religiösen Aufbruchs gern in den Hintergrund. Entsprechend herrschten in den Reformklöstern – auch im Andernacher Konvent – asketisch rauhe Sitten. Zur strikten Einhaltung des Armutsgebots traten strenges Fasten und Schweigen sowie harte körperliche Arbeit. Genaue Vorschriften regelten, daß die Nonnen ihr Haar mit einer schwarzen Kopfbedeckung verhüllen mußten, so daß es nicht ansatzweise sichtbar wurde. Der Gegensatz zu dem von Tenxwind kritisierten Aufzug der Nonnen Hildegards läßt sich kaum größer vorstellen: »Auch von einem sonst nicht üblichen Brauch bei Euch drang etwas an unser Ohr: daß nämlich Eure Nonnen an Festtagen beim Psalmengesang mit herabwallendem Haar im Chore stehen und als Schmuck leuchtend weiße Seidenschleier tragen, deren Saum den Boden berührt. Auf dem Haupt haben sie goldgewirkte Kränze … Auch sollen die Finger der Schwestern mit goldenen Ringen geschmückt sein. Dies alles, obgleich der erste (Völker-) Hirt der Kirche (= Paulus) solches verbietet, da er mahnt und sagt: ›Die Frauen sollen sich sittsam halten, nicht mit Haargeflecht und Gold und Perlen oder mit kostbarem Gewand (sich

Hildegard über ihren Ordensvater Benedikt:
Er war der verschlossene Brunnen, der seine Lehre in der Maßhaltung Gottes erquellen ließ, indem er nämlich den spitzen Nagel dieser Lehre nicht zu hoch und nicht zu tief, sondern genau in der Mitte des Rades einschlug, so daß jeder, der Starke wie der Schwache daraus zu trinken vermochte und zwar je nach seinem Fassungsvermögen.

Zit. nach Isenbart in FS Brück

schmücken).‹« (B 201). Tenxwinds Vorwurf macht sich an biblischen Bekleidungsvorschriften fest. Tatsächlich aber wird hier um mehr gestritten, denn auch im zitierten Paulusbrief (1 Tim 2,9ff.) ist die Bekleidung symbolischer Ausdruck für die dem Mann untergeordnete Stellung der Frau. Hildegard schränkt in ihrem Antwortschreiben die Verbindlichkeit der Bibelstelle ein: »Das alles gilt nicht für die Jungfrau. Diese steht vielmehr in Einfalt und Unversehrtheit wie im schönen Paradies … Für die Jungfrau besteht nicht die Vorschrift, die Schönheit ihres Haares zu bedecken, sondern aus eigenem freien Willen verhüllt sie in tiefster Demut ihr Haupt.« (B 202). Hildegard trägt der zeitgenössischen Unterscheidung der Frauen in die Stände der Ehefrauen, Witwen und Jungfrauen Rechnung, wobei ihre ganze Liebe dem Stand der gottgeweihten Jungfrauen gilt. Dessen Würde und Glanz verleiht sie in der festlichen Prozession, aber auch in Texten feierlichen Ausdruck, die zum Schönsten gehören, was sie geschrieben hat.

Ihr Schönen ihr,
wie strahlt euer Antlitz
die ihr euch im Frührot erhebt, um Gott zu schaun!

O glückselige Jungfraun,
wie so edel seid ihr!
In euch erschaute der König sich selber,

Er, der eingesiegelt hat,
in euer Wesen
alle Schönheit des Himmels.

Ein köstlicher Garten seid ihr,
voll Lieblichkeit,
duftend und widerduftend
Im Schmucke lebendiger Schöne *Symph 107*

Die **Timotheusbriefe** gehören zu den Pastoralbriefen, von denen man heute annimmt, daß sie nicht von Paulus stammen. Diese Unterscheidung setzt eine textkritische Lesart der Bibel voraus und ist daher den vorangegangenen Jahrhunderten nicht geläufig.

23 Diese Illustration zum ›Jungfrauenspiegel‹ vom Ende des 12. Jahrhunderts, einem erbaulichen Buch für Nonnen, stellt an der diesseitigen die jenseitige Ernte für jeden Frauenstand dar: oben die Jungfrauen, denen reicher himmlischer Lohn gewährt werden wird, darunter die Witwen und sodann die Ehefrauen.

In den Freiheiten, die Hildegard dem Stand der Jungfrauen in Vergleich zu dem der Ehefrauen zuschreibt, findet die Tatsache ihren Niederschlag, daß das Kloster in der Tat einen gewissen Freiraum für Frauen darstellen konnte. Dies wird insbesondere im Rahmen der sogenannten Religiösen Frauenbewegung deutlich, die im 12. Jahrhundert einsetzte (auch hier zählt Hildegard zur älteren Epoche und hat an diesem Aufbruch keinen Anteil). Ohne Zweifel standen beim Entschluß zum Leben im Kloster oder in klosterähnlichen Gemeinschaften (Beginen) religiöse Gründe im Vordergrund. Allerdings

Viele Familiendramen um den Klostereintritt der Töchter beziehen sich über Jahrhunderte hinweg nicht auf die Frage, ob die Tochter ins Kloster *muß*, sondern ob sie *darf*. Vom Fall der Nonne Beatrix berichtet Teresa von Avila in ihrem ›Buch der Klosterstiftungen‹: »Schon war alles zur Verehelichung vorbereitet ..., da erklärte sie, sie habe das Gelübde, sich nicht zu verehelichen, abgelegt und werde um keinen Preis in der Welt, auch wenn man sie totschlage, diesen Vorsatz brechen. Sei es nun, daß der Teufel die Eltern verblendete oder daß Gott sie zur Märtyrerin werden ließ, sie dachten an nichts anderes,

stellte diese Lebensform auch eine Alternative zu den nur wenig attraktiven Bedingungen der mittelalterlichen Ehe dar – den zahllosen Schwangerschaften und einem Rechtsstatus, gemäß dem die Ehefrau der Vormundschaft ihres Gatten und dessen Züchtigungsrecht unterstellt war. Der Verheiratung entgangen zu sein ist folglich für die Kartäusernonne und Mystikerin Margarete d'Oingt († 1310) ein Grund zu ewiger Dankbarkeit: »Süßer Herr, wenn du mir keine andere Gnade erwiesen hättest, als die, daß du nicht erlaubt hast, daß ich in der Knechtschaft und Unterwerfung durch einen Mann lebe, so hast du mir schon genug getan.«[7]

Tenxwinds Kritik hat ohne Zweifel 1 Tim 2,9ff. auf ihrer Seite, ein Zitat mit dem auch Teresa von Avila Zeit ihres Lebens zu ringen hatte, insbesondere mit dem Dauerhinweis auf »Das Weib schweige in der Gemeinde«. Nicht anders als Hildegard führte sie ihr Werk im Bewußtsein des göttlichen Auftrages aus. So kann es kaum verwundern, wenn – wie Teresa in ihrer Lebensbeschreibung berichtet – der Auftraggeber selbst intervenierte, da er es offensichtlich leid war, daß dauernde Störungen die Umsetzung seiner Pläne verhinderten: »Als ich (Teresa) über den Sinn der Worte des hl. Paulus, die

24 Die hl. Teresa von Avila, nach einem vermutlich authentischen Gemälde aus dem 16. Jahrhundert

als daß ihre Tochter sich in etwas Böses eingelassen habe, weswegen sie nicht heiraten wolle. Da sie dem für sie bestimmten Mann schon das Wort gegeben hatten und die Schmach sahen, die diesem zugefügt wurde, so mißhandelten sie ihre Tochter mit vielen Schlägen und anderen grausamen Quälereien … Gott aber, der sie zu Höherem ausersehen hatte, erhielt sie am Leben … Man meinte, sie werde sterben, da sie drei Monate im Bette lag, ohne sich bewegen zu können.«

Zurückgezogenheit der Frauen betreffend, nachdachte – es war mir dies schon so oft vorgehalten worden, noch ehe ich den Ausdruck des Apostels gehört hatte –, fiel mir ein, ob dies nicht etwa auch bei mir Gottes Wille wäre. Da sprach der Herr zu mir: ›Sag ihnen, sie sollten sich nicht bloß auf einen Ausspruch der Heiligen Schrift berufen, sondern auch die anderen Stellen einsehen, ob sie mir denn die Hand binden können?‹«[8] Wir wagen selbstverständlich nicht zu widersprechen und halten zur Verteidigung der Bräuche in Hildegards Kloster fest, daß die Bibel eben nicht allein aus Paulus besteht.

Mit Hildegard und Tenxwind treffen zwei Frauen aufeinander, die verschiedenen Gesellschaftsgruppen entstammen, unterschiedliche Frömmigkeitsrichtungen vertreten und sich folglich auf unterschiedliche biblische Wurzeln und Gottesbilder beziehen. Tenxwind wittert im prächtigen Aufzug der Nonnen nicht zu Unrecht adliges Selbstbewußtsein, denn es sind in der Tat die Töchter des alten Adels, die erhobenen Hauptes, mit wallendem Haar und in kostbarer Gewandung den hohen Feiertag festlich begehen. Für Tenxwind zeugt dies von Hochmut und Prunksucht, vor allem aber lassen es diese Nonnen an jener Demut mangeln, wie sie Paulus gerade den Frauen anrät. Was sich im 12. Jahrhundert für die reformgesinnte Tenxwind als Ärgernis darstellt, erweist sich aus heutiger Perspektive als ein stolzes Kapitel Frauengeschichte.

Vom Wandel der Gottesbilder

Der Konflikt zwischen Hildegard und Tenxwind vollzieht sich vor dem Hintergrund der zeitgenössischen Verschiebungen im Gottesbild und in der Frömmigkeit. Wie unschwer einzusehen ist, setzt die Nachfolge Christi im Geist der Armut das Bild des armen, leidenden Christus voraus, wie ihn das Neue Testament zeichnet. Hildegards Theologie hingegen wurzelt stark im Alten Testament, und im Neuen Testament bezieht sie sich insbesondere auf das Evangelium des Johannes. Sie bleibt weitgehend unbeeinflußt von den Umbrüchen in ihrer Zeit, so daß ihr Gottesbild dem der alten Epoche näher steht. Sowohl der kosmische Christus der dritten Visionsschrift als auch der Himmelskönig, der in zahllosen Stellen ihrer Werke erhaben über seinem irdischen Reich thront, sind herrschaftliche Gestalten. Ein kostbarer Glanz geht von diesem König aus, an dem alles teilhat, was seiner Hand entstammt.

25 Die Kirche der Abtei St. Hildegard in Rüdesheim/Eibingen wurde zu Beginn unseres Jahrhunderts im Stil der Beuroner Kunstschule und zugleich entsprechend der Geisteshaltung Hildegards gestaltet.

26 Christus, der Allherscher. Illumination aus der dritten Schau in ›Scivias‹. Rupertsberger Kodex, 12. Jahrhundert

Die Pracht des Herrschers spiegelt sich in seiner prächtigen Schöpfung: »Gottes Thron ist ja Seine Ewigkeit, in der Er allein sitzt, und alle Lebewesen sind gleichsam Funken der Strahlung Seines Glanzes, die Ihm wie die Strahlen der Sonne entströmen.« (LDO 83). Selbst der Körper, den viele von Hildegards Zeitgenossen als Wurzel allen Übels fürchten, funkelt bei ihr noch in jenem Glanz, der Zeichen seiner edlen Herkunft ist. Hildegards Texte sind mit Gemmen verziert, klangdurchwoben und lichtdurchstrahlt. In ihren schönsten Sequenzen besitzen sie festlichen Charakter, gleichen den himmlischen Aufzügen der Engel und Seligen, der Prozession der Nonnen in kostbarem Gewand. Die glänzende Theologie ist auch eine Theologie des Glanzes, die unverkennbar adligem Selbstbewußtsein entspringt.

Das Bild des armen leidenden Christus ist uns heute vertrauter als das herrschaftliche Gottesbild der früheren Epoche. Vertrauter sind uns auch die theologischen Folgen, die heute – je-

Ja tausend Tode wär'n mir nicht zu schwer
So weh ist mir nach Dir, o Herr!
Nun will ich in der Treue harren.
Vermagst Du, Herr, es zu ertragen,
Dann laß mich lang in Sehnsucht nach Dir gehen.
Ich weiß es wohl, es muß doch, Herr,
Die erste Lust nach mir in Dir entstehen.

Mechthild von Magdeburg (ca. 1207–1282/94), Das fließende Licht der Gottheit, 1956

27 Der hl. Bernhard von Clairvaux und eine Zisterziensernonne

denfalls teilweise – als problematisch erfahren werden. Im 12. Jahrhundert hat dieser Umbruch im Gottesbild vielfältige Konsequenzen, unter anderem das Erwachen der religiösen Innerlichkeit. Ihren schönsten Ausdruck finden diese Veränderungen in den innigen Texten der Liebesmystik, die von der Liebe zwischen dem Menschen und dem menschgewordenen Gott berichten. Viele Zeugnisse aus der auf Hildegard folgenden Epoche verschränken die Grundmotive von Liebe und Leid, die sich nur folgerichtig aus einem Glauben entwickeln, der seine theologische Mitte in einem Gott besitzt, der aus Liebe zum Menschen auf Erden gelitten hat. Zahllose Belege ließen sich anführen, in denen sich die mittelalterlichen Frommen dieses Leiden zutiefst zu Herzen nehmen. Die Betonung der Menschheit Gottes rückt mit dem irdischen Leben Christi auch die Passion in den Vordergrund, in der Frömmigkeit wird die individuelle Schuld zu einem drängenden, ja oft bedrängenden Thema. Insbesondere der Leidens- und Schuldaspekt dieser Frömmigkeit gilt in der modernen Auffassung als problematisch. Historisch findet er in den asketischen Großtaten der Heiligen seinen Niederschlag, die das bewundernde Staunen der mittelalterlichen Zeitgenossen erregten,

Aus dem Bericht Elsbeth Stagels (14. Jahrhundert) über die Vision einer Nonne: »Ich sah ihn am Kreuz mit blutenden Wunden; und er schwebte über mir … und sprach voll Süße zu mir: ›Gehab dich wohl, ich will dein ewiger Lohn sein.‹ Da sprach ich gar innig in Gedanken: ›O weh, Herr, wann?‹ Da sprach er gar minniglich: ›Du mußt noch mehr leiden.‹ Und darum sprach ich: ›Herr, zerreiß mir Händ und Füß, Herz und Haupt und alle meine Glieder; das will ich gern leiden.‹ Und da erhob sich unser Herr wieder und waren ihm alle seine Wunden geheilt.« *Das Leben der Schwestern zu Töss, 1921*

28 Christus am Ölberg. Sein Blutschweiß rinnt auf die andächtige Seele hinab. Andachtsbuch aus dem 15. Jahrhundert. Berlin, Staatsbibliothek

heute hingegen eher als Schattenseite an beeindruckenden Persönlichkeiten erfahren werden. Und auch die innigen persönlichen Beziehungen zu Christus, Maria, den Heiligen oder den Engeln sind für den modernen Betrachter nicht unproblematisch. Insbesondere in ihrer spätmittelalterlichen Ausprägung werden sie oft als allzu innig empfunden, d.h., sie setzten ein Gottesbild bzw. ein Verständnis der jenseitigen Mächte voraus, das für das moderne Denken zu vermenschlicht ist und deshalb als naiv bewertet wird.

Vor dem Hintergrund dieser modernen Wertsetzungen liegt der Rückgriff auf ältere Vorstellungen nahe, wird die Neuorientierung an über lange Zeit Vergessenem verständlich. Hierin gründet wohl die doch erstaunliche Tatsache, daß eine in mancherlei Hinsicht konservative Äbtissin des 12. Jahrhunderts am Ende des 20. Jahrhunderts höchste Popularität genießt. Diese Verehrung gilt einer Frau, der in ihrer Epoche des Wandels eine »Sonderstellung« zukommt, da die Bilderwelt ihrer Visionen noch »ganz eingeborgen in

29 Kindheit Christi. Miniatur aus dem Katharinenthaler Graduale, 15. Jahrhundert. Zürich, Schweizerisches Landesmuseum

die archaisch-sakramentale Lebensordnung des frühen Abendlandes ist«, wie es Heinrich Schipperges (1978) formuliert. Der Rückgriff bezieht sich somit auf eine Zeit, als wesentliche Veränderungen, deren Folgen bis in die Gegenwart hineinwirken, erst nach Hildegard bzw. zu ihren Lebzeiten stattgefunden haben, ohne daß sie an ihnen Anteil gehabt hätte. Entsprechend hielt sich ihre Popularität im weiteren Verlauf des Mittelalters in Grenzen: Bis ins 20. Jahrhundert reichte ihre Bedeutung nicht über die einer Lokalheiligen hinaus.

Die Zeiten wandeln sich und mit ihnen der Stellenwert einer ursprünglich konservativen Haltung, die sich unter modernen Verhältnissen als unvermutet aktuell erweist. Der Erhabenheit ihres Gottesbildes entsprechend, beläßt Hildegard Gott im Himmel. Breite Strömungen in der Spiritualität der Folgezeit emotionalisieren hingegen das Verhältnis zwischen Gott und Mensch. Nicht der Abstand, sondern die Nähe wird zum bestimmenden Element einer Frömmigkeit, die in ekstatischen Momenten von höchster Innigkeit Gott und Mensch gleich zwei Liebenden einander in den Armen liegen läßt. Auch dem modernen Menschen ist Gott, freilich aus ganz anderen Gründen, ent-

30 Christus und die minnende Seele. Darstellung in einem Gebetbuch aus dem 15. Jahrhundert. Donaueschingen, Hofbibliothek

Die Visionen von Hildegards Zeitgenossin Elisabeth von Schönau tragen weit stärker als die Hildegards ein zeitspezifisches Kolorit. Dies führte in der Folgezeit zu einer Popularität Elisabeths, die die Hildegards deutlich überragte. So stehen über 150 erhaltene Handschriften der Werke Elisabeths den kaum mehr als zehn erhaltenen Handschriften der Werke Hildegards gegenüber.

rückt und folglich Hildegards Gottesbild – scheinbar – näher. Die Erhabenheit dieses Gottes, der Hildegard in ihrer fremdartigen Bildersprache Ausdruck verleiht, läßt sich in heutiger Lesart als entpersonalisierender Zug, der zugleich das Geheimnis Gottes in unergründlicher Bilderfülle entfaltet, erfahren. Dieser Gott ist als Person fern, in seinem Wirken hingegen ist er nah. Wirkmächtig ist er vor allem in seiner geordneten Schöpfung. Hildegards Denken trifft sich hier mit modernen ökologischen Fragen angesichts einer bedrohten natürlichen Ordnung. Und gerade auch ihr Universalismus, der Ausdruck einer Spiritualität ist, die eben nicht die persönliche Gottesbeziehung, sondern die Ordnung des Ganzen zum Inhalt hat, korrespondiert mit einer Gegenwart, deren zentrale Probleme von globaler Natur sind.

Der adlige Glanz, der Hildegards Theologie umgibt, mußte im 12. Jahrhundert zwangsläufig den Unmut der reformgesinnten Tenxwind erregen. In der modernen Lesart ist dieser Glanz als lichter Zug an einer über weite Strecken optimistischen Theologie erfahrbar. Armut, Buße, Kasteiungen, d.h.

31 Die Chöre der Engel. Illumination aus ›Scivias‹, Rupertsberger Kodex, 12. Jahrhundert

Auch Hildegards Engel sind Gestalten von erhabener Entrücktheit. Die ganze Musikalität und Bilderkraft der Sprachmacht Hildegards wird gleich einem goldgewobenen, klangdurchwirkten Teppich entfaltet – ein würdevoll-festliches Ambiente für den prächtigen Aufzug der hochverehrten Engel. Hildegards Verhältnis zu den Engeln hat noch nicht die persönliche Prägung der Folgezeit, in der die Engel ihren Blick auch auf die Menschen richten, ja zu ihnen hinabfliegen, um ihnen in bisweilen rührender Besorgnis beizustehen. Der Blick von Hildegards herrschaftlichen Engeln ist hingegen noch ganz in der verzückten Betrachtung Gottes versunken: »Fürsten der Ehre! Lebendiges Licht! Heilige Engel! Tiefgeneigt vor der Gottheit, lodernd in Sehnsuchtsgluten … Ihr erblicket am Urquell den Schlag des ewigen Herzens. Wie von Auge zu Auge erschaut ihr die innigste Kraft, die das Vaterherz atmet.«[9]

die typischen Ausprägungen einer Frömmigkeitshaltung, der im Mittelalter die Zukunft gehören sollte, stehen bei ihr noch im Hintergrund. Daß Franziskus, wie es in den ›Fioretti‹ (Blümlein) heißt, »durch die Strenge seiner Bußübungen und unaufhörliches Weinen beinahe erblindete«, hätte Hildegard als befremdliche Überschreitung des rechten Maßes empfunden. Und auch die asketische Härte des hl. Bernhard, der in seinen frühen Klosterjahren so sehr hungerte, daß ihm eine lebenslange Magenerkrankung blieb, liegt ihr fern.

Hildegards Optimismus kommt dem modernen Optimismus entgegen. Zugleich jedoch zeigt sie die Notwendigkeit und den Wert von Grenzen auf, da sie den Menschen in ein universelles Ordnungsgefüge einbindet. In Zeiten, in denen die Grenzen des Wachstums erreicht, ja überschritten sind, gewinnt ihr Werk hochaktuelle Züge. Die Äbtissin aus der mittelalterlichen Übergangsepoche hat der Gegenwart, die sichtlich ebenfalls eine Epoche des Übergangs ist, in der Tat viel zu sagen.

Hildegards Gott kann auch die grimmigen Züge des zürnenden, strafenden Herrschers annehmen, etwa in den Betrachtungen über die Endzeit: »Denn dann wird Gott für seine Feinde grausame Strafen zulassen zur Läuterung der Sünden.« (LDO 298). Auch über den Lauf der Geschichte hinweg greift Gott strafend ein »und schickt Blitz und Donner auf die Erde. Er setzt die Völker mit Hungersnöten, Krankheiten und Kriegszügen in Schrecken, und so bringt er dem ganzen Erdkreis entsetzliche Katastrophen.« (LDO 49). Nicht anders als bei ihren Zeitgenossen endet auch bei Hildegard aller Optimismus spätestens »am Schlund des Höllenpfuhls« (LDO 200).

Das Buch der göttlichen Werke

Von Hildegard sind drei große Visionswerke überliefert. An ›Scivias‹ (›Wisse die Wege‹), das insgesamt 26 Einzelvisionen beinhaltet, arbeitete Hildegard von 1141 bis 1151. Der ›Liber vitae meritorum‹ (›Das Buch der Lebensverdienste‹) wurde zwischen 1158 und 1161 verfaßt und steht in der Tradition der altchristlichen *Psychomachia* (Seelenkampf) des Dichters Prudentius. In diesem Werk Hildegards treten die Tugenden in personifizierter Form auf, wobei ihr Widerstreit das innere Ringen des Menschen um den einzuschlagenden Weg beschreibt. Man lasse sich bei der Lektüre von den Begriffen Tugend und Laster nicht abschrecken: Die zweite Visionsschrift eröffnet Einblicke in die Tiefendimension der Seele von bisweilen frappierender Aktualität und wurde sichtlich von einer Kennerin der Materie, der in der Seelsorge erfahrenen, inzwischen sechzigjährigen Äbtissin, verfaßt. Damit ist das Werk die für den modernen Leser wohl am ehesten zugängliche Visionsschrift. Der ›Liber divinorum operum‹ (›Das Buch der göttlichen Werke‹) schließlich, die dritte große Vision, gilt als ihr reifstes Werk. Es sei hier einer eingehenderen Betrachtung unterzogen, die zugleich in Hildegards Denken einführen soll.

Diese Visionsschrift geht auf eine Schau zurück, die Hildegard 1163, also in ihrem fünfundsechzigsten Lebensjahr, erfuhr. »Sieben Jahre schrieb ich an dieser Vision und konnte kaum damit fertig werden« (LDO 22). Tatsächlich dauerte die Abfassung bis etwa 1174 und fand unter erschwerten Bedin-

Im ›Liber vitae meritorum‹ stellt sich wiederum das Problem **divergierender Lesarten**. Die modernpsychologische Lesart erkennt in den Tugenden und Lastern v. a. die Beschreibung seelischer Verfassungen; sie trägt über weite Strecken und zeigt die Lebensweisheit einer großen Seelenkundigen. Doch der Begriff Tugend, *virtus*, ist im Werk Hildegards doppeldeutig und bezeichnet auch die nach der neuplatonischen Lehre im Diesseits wirkenden Gotteskräfte der Gnade. So wird Hildegards Singspiel ›Ordo virtutum‹, das das Ringen der *virtutes* mit dem Teufel thematisiert, mit »Spiel der Kräfte« übersetzt.

32 Fünf Gotteskräfte im Turm des Ratschlusses, von links nach rechts: die Liebe zum Himmlischen, die Zucht, die Schamhaftigkeit, die Barmherzigkeit und der Sieg. Illumination aus ›Scivias‹, Rupertsberger Kodex, 12. Jahrhundert

gungen statt. 1173 war Mönch Volmar, Hildegards unverzichtbare Stütze, gestorben. »Denn ich arbeite jetzt allein«, schrieb sie an Abt Ludwig von St. Eucharius, »wie ein Waisenkind am ›Werke Gottes‹, da mein Helfer, wie es Gott gefiel, mir genommen ist.« (B 164).

Hildegards Werk nimmt im Prolog des Johannesevangeliums seinen Ausgang: »Am Anfang war das Wort.« Durch das Wort, das als wesensgleicher Sohn des ewigen Vaters in der Welt »Fleisch geworden« (Joh 1,14) ist, wurde die Welt erschaffen. Christus als *logos* (Wort) bildet somit das Zentrum, den Dreh- und Angelpunkt von Hildegards Werk. Als »Erstgeborener der ganzen Schöpfung« (Kol 1,15) steht er am Anfang, wird in der Mitte der Zeit Mensch und am Ende aller Zeiten in verklärter Gestalt zurückkehren. Das Wort am Beginn, »das vor den Geschöpfen ohne Anfang war und das nach ihnen ohne Ende sein wird, hieß alle Kreaturen hervorgehen. Und er schuf sein Werk,

Nachdem Volmar noch während der Arbeit am ›Liber divinorum operum‹ gestorben war, entlud sich das spannungsgeladene Verhältnis zum Kloster Disibodenberg noch einmal in einem Streit, da sich der Abt weigerte, dem Frauenkloster auf dem Rupertsberg einen neuen Propst zu stellen. Hildegard wandte sich an Papst Alexander III., der ihren Neffen Wezelin als Vermittler einsetzte. Diesem gelang es schließlich, eine gütliche Einigung herbeizuführen, so daß 1174 der Disibodenberger Mönch Gottfried Propst des Klosters Rupertsberg und damit auch Hildegards Sekretär wurde.

ähnlich wie der Werkmeister sein Werk zum Leuchten bringt. Was vor dem Zeitenbeginn in seinem Ratschluß vorherbestimmt war, erschien jetzt in sichtbarer Weise. Daher ist der Mensch mit aller Kreatur das Werk Gottes. Aber der Mensch ist auch der Werkmann Gottes.« (L 97). Vor der seit aller Ewigkeit in Gott beschlossenen Schöpfung liegt mit dem Fall Satans und der Dämonen, die aus den Engelsrängen in die tiefste Finsternis hinabstürzten, ein weiteres Zentralereignis der Heilsgeschichte. Hildegard unterscheidet nach altchristlicher Tradition neun Engelschöre. Zum zehnten Chor, der die von den gefallenen Engel hinterlassenen Lücken in den Engelscharen ausfüllen soll, sind, sowie sich die Heilsgeschichte vollendet hat, die erwählten Menschen bestimmt. Um der Erfüllung dieses göttlichen Heilsplans willen wurden die Welt und ihr Herzstück, das Leib/Seele-Wesen Mensch, erschaffen. Er ist nicht nur das Werkstück Gottes, sondern auch sein Handwerker, denn gerade seine Leiblichkeit ermöglicht es, daß er in der Welt »schöpferisch am Werke« (LDO 202) ist und zum Helfer am großen Heilswerk wird. Die Vollendung des Einzelnen ist Teil des heilsgeschichtlichen Gesamtplanes und folglich in die Vollendung des gesamten Kosmos eingebunden. Hildegards Schau ist universal, ihr Blick gerade im letzten Visionswerk auf die Ordnung des Ganzen gerichtet.

Hildegards Schrift setzt sich aus zehn Visionen in drei Büchern oder Teilen zusammen.

33 Initiale I(n principio) vom Anfang des Johannesevangeliums. Evangeliar aus der Gegend von Köln, frühes 10. Jahrhundert. Halle, Universitäts- und Landesbibliothek Sachsen-Anhalt, Qu-Cod. 83

Der erste Teil umfaßt mit vier Visionen die diesseitige Welt, der zweite beschreibt in der fünften Vision die Orte des Jenseits, während die folgenden fünf Visionen, die den dritten Teil bilden, dem Mysterium der Heilsgeschichte gelten.

34 Das Weltall, im Zentrum die vier Elemente. Illumination aus ›Scivias‹. Rupertsberger Kodex, 12. Jahrhundert

Der erste Teil beginnt mit einer Schau über den Ursprung des Lebens und der gewaltigen Gestalt des Urlebendigen, die Abbild der Trinität und Urgrund alles Seins ist: »Ich, die höchste und feurige Kraft, habe jedweden Funken von Leben entzündet, und nichts Tödliches sprühe ich aus.« (LDO 25). In der zweiten Schau wird im Gegensatz zu ›Scivias‹ der Kosmos nicht in Eiform, sondern als Weltenrad (*rota*) vorgestellt. Das Weltenrad ruht in der Mitte Gottes und beginnt sich zu drehen, da Mensch und Kosmos mit dem Sündenfall der Veränderlichkeit preisgegeben sind. Die rote Gestalt, die das Rad hält, symbolisiert die feurige, vor Leben sprühende Liebe (*caritas*), die »all-umfassend« ist und daher hier auch tatsächlich das All umfaßt: »Aus dem Urgrund der wahren Liebe, in deren Wissen der Weltenlauf ruht, leuchtet ihre überaus feine Ordnung über alle Dinge hervor und kommt, alles haltend und alles hegend, immer neu ans Licht.« (LDO 59). Das Greisenhaupt, das ihrem Kopf entwächst, bedeutet die göttliche Güte. Sodann wird der Aufbau des gesamten Kosmos be-

Das erste große Symbol für den Ordnungsgedanken im Weltall ist der Begriff der *rota*. Dieses Rad wird nicht so sehr als ein mechanisches Instrument aufgefaßt, das in seiner Form und Funktion als Sinnbild eines technisch Vollkommenen gelten könnte, vielmehr ist das Weltenrad in seinem runden Gefüge und in seiner reifen Geschlossenheit als eine Art von Organismus zu verstehen, ein großes Lebewesen. Die Trinität hält dieses lebendige Rad in ihren Armen und trägt es vor ihrer Brust, mehr noch: »in pectore« – in ihrem Herzen. Das Weltenrad in der Brust der Gottheit, das ist ein überraschender Ausdruck

schrieben, der sechs konzentrische Sphären, sieben Planeten, viele Sterne sowie die im Zentrum liegende Erde umfaßt. »Mitten im Weltenbau steht der Mensch, denn er ist bedeutender als alle übrigen Geschöpfe … An Statur ist er zwar klein, an Kraft seiner Seele jedoch gewaltig … Was er mit seinem Werk in rechter und linker Hand bewirkt, das durchdringt das All.« (LDO 44f.). Der Mensch ist von Kosmosmächten umgeben, die auf ihn einwirken, wie auch er umgekehrt auf sie einwirkt. Die dritte Schau gilt den Winden, die als eine Art kosmische Energie vorgestellt werden. Diese beeinflussen insbesondere das Gleichgewicht des menschlichen Säftehaushalts: »Mit der Harmonie der äußeren Elemente befinden sich nämlich auch die Säfte im Organismus in Ruhe, während bei Erregung und Unruhe der kosmischen Kräfte auch die Säfte zerstört werden.« (LDO 55). Die vierte Vision beschreibt den Menschen von Kopf bis Fuß und setzt die einzelnen Glieder zur Gliederung des Kosmos in Bezug: »Denn die Länge der menschlichen Gestalt und ihre Breite sind, wenn er Hände und Arme gleichmäßig von der Brust ausstreckt, gleicher Größe, wie auch das Firmament an Länge und Breite gleich ist.« (LDO 86). Ein gewaltiges Netzwerk von Wechselbezügen entfaltet sich, in dem unter ande-

35 Der Kosmosmensch. Miniatur aus dem ›Liber divinorum operum‹. Lucca, 13. Jahrhundert

für die Spiritualität des Hildegardschen Weltbildes. Die Welt ist etwas wie eine Art Organ Gottes, sie ist das Herzwerk Gottes … Jede einzelne Erscheinung in der Welt wird ihrem spezifischen Rang nach in das Ganze dieses Rades eingebaut: So entsteht *universum*, Kosmos, ein geordnetes Ganzes … Neben der statisch ruhenden Ordnung versinnbildlicht die *rota* in den Armen der Gottheit auch den ungeheuren Dynamismus in allen Naturerscheinungen. Mit dem Wehen der Winde beginnt sich das Weltenrad zu drehen und setzt die Zeit in Bewegung und die Entwicklung in Gang. *H. Schipperges, Nachwort zu LDO*

rem die sieben Planeten den sieben Punkten auf der Hirnschale entsprechen, die sodann auf die Sieben Gaben des Heiligen Geistes ausgelegt werden (LDO 92). Auch zwischen Welt und Mensch stellt Hildegard solche Korrespondenzreihen her: Die zwölf Monate des Jahres verweisen auf die Körperteile, die Sinne und die Lebensalter des Menschen, aber auch auf das Seelenleben und die Tugenden.

Die fünfte Vision, die den zweiten Band bildet, beschreibt wiederum im geometrischen Modell die Orte des Jenseits, die sich um die Erde im Zentrum gruppieren. Diese ist in drei Zonen unterteilt, wobei allein die mittlere »gemäßigte«, weder zu warme noch zu kalte Zone bewohnbar ist. Im lichten Osten liegt der Ort der Seligen, im verfinsterten Westen hingegen der Ort der Reinigung für leichtere Sünden. Der Läuterungsort im Süden ist für schwere, der im Norden für schwerste Verfehlungen bestimmt. Außerhalb der göttlichen Ordnung und folglich außerhalb des Kreises umspannt Finsternis Süd und Nord, zwischen West und Nord tut sich der grauenerregende Höllenschlund auf. Der rote, im Osten liegende Kreis symbolisiert den »Eifer Gottes«. Dessen Flügel umschirmen das All, den Diesseits- und Jenseitskosmos bis zur Mitte der Rundung, um dann in einen rötlichen Kreis in Bogenform überzugehen. Der Eifer Gottes verwandelt

S

O

W

N

36 Die Orte des Jenseits. Miniatur aus der Handschrift des ›Liber divinorum operum‹. Lucca, 13. Jahrhundert

Auch den **Himmelsrichtungen** kommt im mittelalterlichen Denken eine spirituelle Bedeutung zu. Im Osten stieg Christus in den Himmel auf, im Osten wird er zurückkehren. Im Norden hingegen hat Satan seinen Thron errichtet. Dieser spirituellen Gewichtung entsprechend sind mittelalterliche Weltkarten geostet, d. h., Osten liegt da, wo wir Norden ansiedeln. Bis ins 13. Jahrhundert dienen diese Karten zur religiösen Orientierung, verfolgen also keinen praktischen Zweck. Sie können monumentale, kunstvolle Werke voller Details sein, die biblisches bzw. tradiertes Wissen darstellen. Nach dem Esrabuch besteht

sich in Strafeifer, der jenen dem Bösen zugeneigten Teil zwar noch hält, aber läuternden Strafen unterwirft. Wiederum ergeben sich eine Vielzahl von Querverweisen; so legt Hildegard u. a. die fünf Regionen auf die fünf Sinne des Menschen aus. Auch hier korrespondieren die letzten mit den ersten Dingen. Entsprechend enthält die fünfte Vision eine Auslegung des Schöpfungsberichtes, die wiederum zum Ausgangspunkt eines elaborierten Systems von Wechselbezügen wird, in dem die einzelnen Schöpfungstage auf die heilsgeschichtlichen Entwicklungsphasen der Kirche und – in ihrer auf das Seelenleben des einzelnen bezogenen Bedeutung – auf die Tugenden ausgelegt werden.

Das dritte Buch gilt der Heilsgeschichte. Es beginnt mit der allumfassenden Gewalt Gottes und stellt die Welt der Engel

37 Die Ebstorfer Weltkarte, um 1283, unten: Schema mittelalterlicher Weltkarten

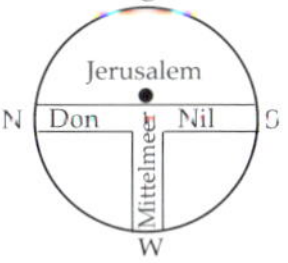

die Welt zu sechs Siebteln aus Land und zu einem Siebtel aus Wasser – genau so erscheint es auf den Karten. Man unterscheidet nach den Söhnen Noahs drei Erdteile: Sem, Cham und Japhet – Asien, Afrika und Europa. Die drei Kontinente werden nach einem T-Schema angeordnet. Bei Ezechiel steht: »Dies ist Jerusalem. Ich habe es mitten unter die Völker und die Länder ringsum gesetzt.« Um 1100, am Beginn der Kreuzzugszeit, setzten die Kartographen die Angabe um, indem sie das T-Schema nach Westen verschoben. Jerusalem, das Herzstück der Christenheit, lag nun im Zentrum, in der Mitte der Welt.

sowie den Engelssturz vor. Die siebte Schau beschreibt den Verlauf der Heilsgeschichte bis hin zu ihrem Zentralereignis, der Menschwerdung Gottes, der die achte Schau gilt. Das Eintreten Christi in die Geschichte wird kennzeichenderweise nicht als irdisches Leben Christi nach den Vorgaben des Neuen Testaments geschildert, sondern als Eintritt des Logos in den Kosmos. Liebe, Demut und Frieden, die in personifizierter Form geschaut werden, durchstrahlen Universum, Welt und Mensch. In der neunten Vision vollendet sich der Kosmos. Die zehnte Vision hält wiederum Rückschau auf die ersten Dinge, beschreibt die Epochen der Heilsgeschichte und mündet in die Vorschau auf die letzten Dinge. Das Ende der Zeiten ist durch den Zerfall des Römischen Reiches und die Schrecken der Herrschaft des Antichristen gekennzeichnet, der durch die erneute Ankunft Christi vernichtet werden wird. Das Zentralbild der Vision ist eine Gestalt von höchster Schönheit: »Ihr Gesicht leuchtete wie die Sonne, ihre Kleider glänzten wie Purpur; um den Hals geschlungen trug sie ein goldenes Band, mit köstlichen Edelsteinen geschmückt. Sie hatte Schuhe an, die Blitzesleuchten ausstrahlten.« (LDO 281). Sie thront inmitten eines Kreises, der gleichermaßen Zeit wie Ewigkeit symbolisiert: die rotglühende Liebe (*caritas*), die das Weltall schuf, umfaßte und erhielt, der Anfang und das Ende von Hildegards gewaltiger Kosmosschau.

Hildegards Visionswerk, das hier nur in groben Zügen nachgezeichnet wurde, stellt sich als ein äußerst komplexes Gesamtgefüge dar. Der Kosmos ist gleich dem Rad, das ihn symbolisiert, geschlossen. Geschlossen ist auch der

38 Die *caritas*. Miniatur aus dem ›Liber divinorum operum‹. Lucca, um 1240

Lauf der Zeiten, der vom Beginn und vom Ende der Geschichte begrenzt wird. Ebenso sind die Themen, die Hildegard behandelt, letztlich auf zentrale christliche Glaubensinhalte eingeschränkt, die gleichsam den Rahmen für vielfältige Variationen bilden. Man spricht vom geschlossenen Weltbild des Mittelalters, wie auch Hildegards Weltbild geschlossen ist. Für den Fall, daß man mit diesem Begriff Schlichtheit assoziierte, wird man hier nachdrücklich eines besseren belehrt. Der geschlossene Kosmos Hildegards erweist sich als Bilderwelt von kosmischer Dimension. Von hier aus wird verständlich, wenn Aaron Gurjewitsch bemerkt: »Die Kenntnisse von der Welt waren in jener Epoche im Umfang kaum geringer als die Kenntnisse des modernen Menschen – jedoch der Inhalt war prinzipiell anders.« Hildegards Weltbild oder besser, ihre Bilderwelt, hat nicht nur andere Inhalte als das moderne Weltbild, sondern ihm liegt auch ein anderes Erkenntnisinteresse zugrunde. Entsprechend folgt Hildegards Denken anderen Gesetzen der Logik. Dies sei, ebenfalls in vereinfachter Form, im folgenden erläutert, um einen ersten Zugang zu Hildegards heute nur noch schwer verständlichem Werk zu erschließen.

Das mittelalterliche Erkenntnisinteresse zielt nicht auf die naturwissenschaftlich exakte Beschreibung des jeweiligen Gegenstandes, sondern macht diesen Gegenstand auf übertragene religiöse Sinngebungen transparent. Man kennt mehrere Bedeutungsebenen, die am Beispiel der Stadt Jerusalem bereits an mittelalterlichen Schulen erlernt werden. Dem Buchstabensinn nach ist Jerusalem einfach eine Stadt. Der Buchstabensinn beschreibt die rein materielle Seite des Gegenstandes, die nicht auf Gott transparent und folglich auch nicht von Interesse ist. Die erste übertragene Bedeutung besteht im typologischen Sinn, gemäß dem Jerusalem, die heilige Stadt, die

Liebe
überflutet das All –:
quillend aus tiefsten Gründen,
über die Sternenwelt strömend:
Die Liebe
ist liebend zugetan allem,
da sie den Kuß des Friedens gab
dem Könige, unserem höchsten Herrn. *Symph 43*

heilige Gemeinschaft der Kirche bedeutet. Typologisches Denken ist eine alte Form der historischen Reflexion, die zeitlich getrennte Gegenstände, Personen oder Vorgänge aufeinander bezieht. Bereits das Neue Testament argumentiert typologisch und begreift Christus als Erfüllung der Prophezeiungen des Alten Testaments. Entsprechend verweist der alte Adam des Sündenfalls auf Christus, den neuen Adam, Eva auf Maria, die neue Eva, die – wie gerade Hildegard nicht müde wird zu betonen – das durch Eva bewirkte Unheil sühnt. Auf der moralischen Sinnebene bedeutet Jerusalem die Seele des einzelnen, die sich hier als eine Art Gebäude beschreiben läßt, das der Gestaltung und Pflege, d.h. der Übung in den Tugenden bedarf. Der anagogische Sinn, die dritte übertragene Bedeutung, bezieht sich auf die jenseitige Zukunft. Jerusalem bedeutet nun das himmlische Jerusalem, also den Teil der ir-

39 Ecclesia und Synagoga, Kirche (links) und Synagoge (rechts). Glasfenster im Chor der Elisabethkirche in Marburg an der Lahn. Glasmalerei, 13. Jahrhundert

Die Allegorie der Synagoge ist in Hildegards Vision ohne Augen: »Sie schaute nicht in das wahre Licht.« (Sci 137). Auf mittelalterlichen Darstellungen trägt die Synagoge eine Binde vor Augen. Das Judentum nimmt das Alte Testament wörtlich und erkennt dessen auf Christus verweisende Bedeutung nicht an, haftet also nach mittelalterlicher Auffassung am Buchstaben und gilt daher als blind. Dieser Vorwurf mutet im Vergleich zu anderen judenfeindlichen Vorurteilen noch relativ harmlos an. Zu Beginn der Kreuzzugszeit glaubte man die Feinde Christi bereits im Abendland ausgemacht zu haben, was zu blutigen Pogromen führte. Als zu Beginn des Zweiten Kreuzzuges neue Verfolgungen ausbrachen, wurde dies durch Bernhard von Clairvaux mit dem Hinweis auf die heilsgeschichtliche Bestimmung der Juden unterbunden: Er ging davon aus, daß sich die Juden in der Zeit der Herrschaft des Antichristen bekehren würden (vgl. LDO 301). Die Propheten Elias und Henoch nehmen dann der Synagoge die Binde von den Augen. Das staufische ›Spiel vom Antichristen‹ stellt diese Ereignisse dar

dischen Kirche, der zur Himmelsbürgerschaft erwählt ist. Die vier Bedeutungsebenen haben ihren Ursprung in der Bibelexegese, sind aber nicht auf sie beschränkt. An zahllosen Stellen ihres Werkes bedient sich Hildegard dieser Sinnzuordnungen, sei es in Form der Auslegung von Bibelstellen oder in der Auslegung ihrer eigenen Schau. Hinzuzufügen ist freilich, daß gerade bei Hildegard der reale Gegenstand nicht einfach nur zur geistigen Bedeutung hin zu überwinden ist, sondern in der Sinnenhaftigkeit und Poesie ihrer Bilder präsent bleibt.

Man hat Hildegard wie auch andere zeitgenössische Autoren mit dem Begriff »Symbolismus« zu beschreiben versucht. Der Ausdruck ist vor allem deswegen unglücklich, weil man heute mit Symbolen Eindeutigkeit assoziiert. Mittelalterliche Bedeutungsträger hingegen sind vieldeutig, wie der vierfache Schriftsinn belegt. Der jeweilige Gegenstand ist weitergehend noch in so viele Bedeutungen auffächerbar, wie er Eigenschaften besitzt. Der Löwe kann daher Christus, den Teufel, den Frommen oder den Ketzer bedeuten. Nicht anders umfaßt in ›Scivias‹ der Berg eine Spannweite an Bedeutungen, die über die Anmaßung des Antichristen, die weltliche Macht, die Gottesfurcht bis hin zum ewigen Bestand des Gottesreiches bzw. zu Gott selbst reicht.

Jedes Detail der von Hildegard geschauten Bilder ist bedeutsam. So sind z. B. an den personifizierten Tugenden Gewänder, Gebärden, Farben sowie ihre Positionierungen im Raum Bedeutungsträger, die auf die unterschiedlichen übertragenen Sinnebenen ausgelegt werden können. Jedes Einzelbild setzt sich so aus einem Mosaik von Bedeutungen zusammen, wobei die Position und die Bedeutung jedes Steinchens stark vom Gesamtkontext abhängt. Selbst die scheinbar eindeutige Zuordnung der Farben Weiß und Schwarz, die meist

und läßt das nun sehende Judentum sein Bekenntnis zum christlichen Glauben singen: »Unsere Irrung reut uns sehr, und wir stehn zum Glauben.« (Übers. R. Engelsing, 1981). Neben jener ›Duldsamkeit‹, die sichtlich von der Überzeugung eigener Überlegenheit diktiert, also nicht mit Toleranz zu verwechseln ist, wird der Zeitgeist von einer mehr oder minder aggressiven Judenfeindlichkeit bestimmt. Auch Hildegard hat an dieser fatalen Tradition Anteil, wenn sie die Katharer als »Heuchler, Verführer und Sadduzäer« bezeichnet, »die schlimmer sind als die Juden«[10].

die Reiche des Göttlichen und des Teuflischen im Kontrast darstellen, kann sich wandeln. Das personifizierte Laster der Wollust (*luxuria*) trägt weiße Schuhe zur Kennzeichnung ihrer Leichtfertigkeit. Hildegards Lieblingstugend, die Diskretion, erscheint in einer schwarzen Tunika, »denn sie ist eingehüllt in die Abtötung des Fleisches und schüttelt den Leichtsinn jeglicher Eitelkeit von sich ab« (Sci 268).

Das Bild der Steinchen (Bedeutungsträger), die sich im Mosaik zusammenfügen, ist hilfreich, um sich die Funktionsweise dieses Denkens als eine Art Kaleidoskop zu veranschaulichen. Eine nur kleine Drehung bewirkt, daß die Steinchen zu einer neuen Bedeutungskonstellation zusammenfallen. Das Kaleidoskop, dessen Bildscheibe nun in kosmische Dimensionen zu vergrößern ist (denn Hildegard beschreibt den gesamten Kosmos), verbindet das Element der Begrenztheit mit schier grenzenloser Vielfalt – ein »vielfarbiges Gedankenspiel«, wie Maura Böckeler formuliert (Sci 400), wobei das Moment des Spielerischen auf die eminente Kreativität dieser Methode hinweist. Auch das konservative Element des mittelalterlichen Denkens läßt sich mit diesem Bild ausdrücken und zugleich relativieren. Nichts (oder nur wenig) Neues findet von außen Eingang, wobei in den inneren Auffächerungen kühne Neuverbindungen möglich sind – der Ort von Hildegards Originalität. So wird die Uneinheitlichkeit des Gesamtwerks Hildegards verständlich, das einander widersprechende Aussagen enthält, keine durchgehaltene Terminologie erkennen läßt und in dem sich – aus moderner Perspektive – sehr konservative Sequenzen mit hochaktuellen Passagen ablösen. Das Werk ist nicht auf eine übergeordnete Systematik, sondern auf innere Schlüssigkeit im jeweiligen Kontext angelegt oder aber, wie Hildegard sagen würde, der exakten Wiedergabe der jeweiligen Schau verpflichtet, die ihr Gott eingegeben hat.

Wie, so mag man grübeln, kommen neue Steinchen ins Kaleidoskop, und wohl zu dem Schluß gelangen, daß das eigentlich gar nicht möglich ist. Ein vergleichbares Problem ergab sich für jene, die im Mittelalter vor der schwierigen Aufgabe standen, Neuerungen – denn auch in einer traditionsverbundenen Gesellschaft wandeln sich ja die Umstände – zu rechtfertigen. Man behalf sich, indem man dem Neuen einen alten Anstrich verlieh und z. B. Rechtsansprüche auf die graue Vorzeit rückdatierte. So waren Urkundenfälschungen – erwähnt sei nur die berüchtigte Konstantinische Schenkung, derzufolge Kaiser Kon-

40 Der Lebenskreis. Miniatur aus der Handschrift des ›Liber divinorum operum‹. Lucca, 13. Jahrhundert

Als weiteres sinn- und bedeutungsstiftendes Element treten in der dritten Visionsschrift mikro-makrokosmische Entsprechungsreihen hinzu. So wird der Aufbau des Kosmos oder der Welt in Analogie zum menschlichen Körper entwickelt, analog zu den Monaten des Jahres entfalten sich die Lebensabschnitte des Menschen. Solche Verknüpfungen widerstreben der modernen Vernunft, entsprechen aber sehr wohl dem Gesetz der höchsten Vernunft, die Hildegards Kosmos lenkt. »Gott hat ... die Gestalt des Menschen nach dem Bauwerk des Weltgefüges, nach dem ganzen Kosmos gebildet, so wie ein Künstler seine Formen hat, nach denen er seine Gefäße macht. Und wie Gott das riesige Instrument des Weltalls nach ausgewogenen Maßen gemessen hat, so hat er dementsprechend den Menschen in seiner kleinen kurzen Gestalt abgemessen ... Und wie Gott die Natur im Menschen geordnet hat, so auch die Zeiten des Jahres.« (LDO 152). Alles, was der Hand des großen Künstlers entstammt, trägt seine Handschrift. Die einzelnen Elemente entstammen gleichen Formen, sind also strukturgleich und können so aufeinander bezogen werden und sich im Wechselbezug gegenseitig erhellen.

Hildegards Schriften bieten eine Überfülle an Details. Es fällt bei der Lektüre deshalb oft schwer, den Blick aufs Ganze

stantin Papst Silvester die Herrschaft über den Kirchenstaat verliehen haben soll – ein verbreitetes Phänomen.

Inzwischen haben sich die Zeiten geändert. An die Stelle der Wertschätzung des Alten ist die Wertschätzung des Neuen getreten. Entsprechend verwenden moderne ›Fälscher‹ viel Fleiß darauf, noch den ältesten Hut nach der letzten Mode umzustylen, um ihn sodann als bahnbrechende Neuerung zu verkaufen.

nicht zu verlieren – das kosmische Kaleidoskop mit seiner Bedeutungsvielfalt sowie das Prinzip der mikro-makrokosmischen Vernetzung der Ebenen. Beim Blick aufs Ganze ist es weiter ratsam, sich dessen Bewegtheit (gleich dem drehbaren Kaleidoskop und dem sich drehenden Kosmos) vor Augen zu halten. Die Verabsolutierung von Einzelkonstellationen zu letztgültigen Wahrheiten widerspricht dem Geist des Werkes, das keinen esoterisch verschlüsselten Bauplan des Universums, sondern einen dynamischen, vieldeutigen Kosmos beschreibt, der immer zugleich von der harmonischen Einheit in der Vielheit zeugt. Im unendlichen Farbenspiel schillert der geschlossene Kosmos. Er ist rot durchglüht, grün durchpulst und vermag gerade deshalb in zahllosen weiteren Facetten kostbaren Bedeutens aufzuleuchten, da das Geheimnis seiner Vollkommenheit für Hildegard stets unergründlich bleibt.

O edelstes Grün,
du wurzelst in der Sonne,
strahlst auf in leuchtender Helle
in einem Kreislauf,
den der Sinne Vermögen nimmer begreift!
Du bist umfangen
in liebender Umarmung
von den Geheimnissen Gottes –:
Du schimmerst auf wie Morgenrot,
du glühst
wie der Sonne Flammen!
Du bist umfangen
in liebender Umarmung
von den Geheimnissen Gottes. *Symph 109*

Das kosmische Kaleidoskop

Wie ist Hildegards Welt- und Menschenbild im Spannungsfeld zwischen Geschichte und Gegenwart zu beurteilen? Worin kann heute die Aktualität eines Denkens bestehen, dessen grundlegende Voraussetzungen falsch sind? Die Zahl der Planeten hat sich ins Unendliche vervielfacht, die Erde ist aus der Mitte des Universums gerückt und mit ihr der Mensch, dessen beherrschende Stellung zu den auffallendsten Zügen an Hildegards Weltbild gehört: »Jedwede Kreatur steht unter seiner Zucht und in seinem Dienst. Er, der Mensch, ist mehr als alle Geschöpfe.« (LDO 165). Der grundlegende Unterschied zwischen Mensch und Kreatur gründet im Schöpfungsakt, da Gott allein dem Menschen die vernunftbegabte Seele einhauchte, was dessen hervorgehobene Stellung auf Erden und zugleich die Befähigung zum ewigen Leben bedingt; »die übrigen Geschöpfe belebte er nur mit einem luftartigen Wehen, das mit der Wolke vorübergeht« (LDO 212). Entsprechend groß ist die Kluft, die sich zwischen Mensch und Kreatur auftut: »Gedanken hat nur das vernünftige Lebewesen, nicht aber die wilden Tiere, da sie lediglich dahinleben.« (LDO 264).

Alle Weltreligionen kennen einen Abstand zwischen Mensch und Tier, wobei das Christentum von einem substantiellen Unterschied ausgeht. Hildegards Anthropozentrismus ist originär christlich, gründet in der heilsgeschichtlichen Aufgabe des Menschen, um dessentwillen die Welt geschaffen wurde, und wird weiter durch die Zentralgestalt Christi, des menschgewordenen Gottes, verstärkt.

Der Religionswissenschaftler Mircea Eliade beschreibt in seinem grundlegenden Werk ›Das Heilige und das Profane‹, wie die unterschiedlichsten Religionen und Kulturen das, was ihnen zentral ist, ins **Zentrum aller Dinge** rücken. Die Hauptstadt Chinas, des Reiches der Mitte, liegt im Zentrum der Welt. Für Christen befindet sich der Nabel der Welt in der Jerusalemer Grabeskirche, für Muslime in Mekka. Läßt sich der Anthropozentrismus nicht als Abkömmling jenes offenbar menschlichen ›Ego‹-Zentrismus beschreiben, der das Ich im Land, der Kultur, der Religion oder eben auch im ganzen Menschengeschlecht aufgehen läßt?

In den Religionen Indiens ist der Unterschied zwischen Mensch und Tier graduell, nicht substantiell, da sich zwar Tiere und Pflanzen auf einer inferioren Stufe befinden, aber dennoch am Kreislauf der Wiedergeburten teilhaben und somit in den Erlösungsprozeß eingegliedert sind. In Bangkok wurde bis in unser Jahrhundert den wegen ihrer Klugheit hochverehrten weißen Elefanten einmal wöchentlich von Mönchen aus dem buddhistischen Kanon vorgelesen. Der Hinduismus kennt im Rahmen der *avataras* (Herabkünfte, d.h. Inkarnationen) des Hochgottes Vishnu auch die Tierwerdung Gottes. Im Denken des Alten China steht der Mensch im engsten Lebenszusammenhang mit Kosmos und Natur, so daß Liä Dsi (um 350), ein taoistischer Weiser, in ›Das wahre Buch vom quellenden Urgrund‹ die tiefe Verbundenheit von Tier und Mensch unterstreicht: »Wie kann also das Herz der Tiere von dem der Menschen so gar verschieden sein? Ihre Gestalt und Sprache sind von denen der Menschen verschieden, und wir wissen nicht das Geheimnis mit ihnen umzugehen … Die Denkart der Tiere ist von Natur gleichartig mit der des Menschen. Sie alle streben nach Erhaltung des Lebens und borgen doch nicht diese ihre Denkart vom Menschen. Männchen und Weibchen paaren sich. Die Mütter und die Jungen lieben einander … Alle Geschlechter von Fleisch und Blut sind in der Denkart des Herzens nicht gar weit verschieden.«

Die moderne Kritik an anthropozentrischen Vorstellungen setzt allerdings die Kenntnis einer historischen Entwicklung voraus, in der sich die Zentralstellung des Menschen bis an die Peripherie, d.h. über die ganze Erde ausgedehnt hat, so daß kaum noch etwas sein kann, was nicht Mensch bzw. seinem Nutzen unterworfen ist. Im Kontext des 12. Jahrhunderts hingegen läßt sich diese Haltung als Ausdruck eines mittelalterlichen Humanismus betrachten, der Würde und Wert des Menschen aus den Kategorien des christlichen Glaubens entwickelt. Entsprechend leitet sich die Zentralstellung des Menschen von jener Mitte ab, »in der der Sohn Gottes mitten im Herzen des Vaters ist« (LDO 275). Auch für Hildegards Einstellung zur Leiblichkeit ist die Menschwerdung Gottes bestimmend, die – im Gegensatz zu Thomas von Aquin (1224–

Die Begeisterung des Kirchenvaters für das weibliche Geschlecht hält sich generell in Grenzen. So bedarf es schon eingehender Betrachtungen über die verborgenen Ratschlüsse Gottes, um den Sinn der Erschaffung Evas zu ergründen: »Sollte sie zugleich mit ihm (Adam) den Boden bestellen, … dann wäre eine männliche Hilfskraft besser gewesen. Das gleiche gilt auch, wenn man von ihr als Trostgeberin sprechen würde, in der Annahme, daß Adam seiner Einsamkeit überdrüssig geworden wäre. Ist es dann für ein Zusammenleben und Miteinandersprechen nicht zuträgli-

1274) – bei ihr nicht Folge des Sündenfalls, sondern von aller Ewigkeit her beschlossen ist: »Denn schon damals hatte er jenes Fleisch im Auge, in das Er sich einzuhüllen gedachte. Und Er hatte es brennend lieb.« (LDO 183). Diese Aufwertung der Leiblichkeit bedeutet zugleich die Aufwertung der Welt, des dem Menschen zugewiesenen Lebensraumes: »Daher war die Schöpfung das Gewand der Weisheit (d.h. Gottes)«, wie auch der »Leib ... das Gewand der Seele« (LDO 2 78) ist.

»Gottes Vorsetzung unterwarf sich am Anfang alles Geschaffene, dann die körperliche Kreatur der spirituellen, die irrationale der rationalen, die irdische der himmlischen, die weibliche der männlichen, die bedürftige der reicheren«[11], vermerkt Augustinus. Wesentlich an dieser im Mittelalter häufig zitierten Textstelle ist der hierarchische Dualismus, der zwischen dem zu unterwerfenden leiblich-irdischen und dem sieghaften seelisch-himmlischen Prinzip unterscheidet, was, aus heute nicht mehr nachvollziehbaren Gründen, zugleich die Differenz der Geschlechter beschreiben soll. Auch bei Hildegard gilt das Primat der Seele, wobei freilich Leib und Seele aufs engste miteinander verbunden bleiben. »Die Seele durchfließt den Leib wie der Saft den Baum. Der Saft bewirkt, daß der Baum grünt, blüht und Früchte trägt.« (Sci 133). Die Seele belebt den Körper, so daß der Körper die Seele, aber auch die Seele den Körper benötigt, um wirken zu können. Entsprechend »besitzt die Seele alles in allem die umarmende Liebe zu ihrem Leibe, mit dem sie am Werk ist« (LDO 100). Auch in der leiblichen Auferstehung beim jüngsten Gericht findet die Wertschätzung des Körpers ihren Ausdruck, nach dem sich die Seele sehnt, »da sie ja von ihrem geliebten Kleid, dem Gewande des Leibes, entblößt ist« (LDO 168). Dieser Verbundenheit entsprechend ist im Fall einer geordneten Lebensführung der Leib nicht unterjocht, sondern befindet sich im harmoni-

cher, wenn zwei Freunde zusammenwohnen, als ein Mann und ein Weib? ... Oder wollte einer sagen, es wäre für Gott nicht möglich gewesen, wenn er es gewollt hätte, aus der Rippe des Menschen nicht bloß ein Weib, sondern auch einen Mann zu machen? Ich finde also keine andere Hilfeleistung, für die dem Mann ein Weib erschaffen wurde, wenn nicht die, ihm Kinder zu gebären.«

Augustinus, Über den Wortlaut der Genesis 9. Buch, c.3, c.5[12]

41 Die Auferstehung der Toten am Tage des Jüngsten Gerichts. Relief am Tympanon des mittleren Wetportals der Kathedrale Saint-Etienne in Bourges, um 1270–1280

schen Verhältnis zur Seele: »Wo nämlich Seele und Leib in rechter Übereinstimmung miteinander leben, da erreichen sie in einmütiger Freude den höchsten Lohn.« (LDO 80). Hildegards Betonung der Einheit von Leib und Seele läßt sich in der Tat als eine Art frühe Psychosomatik auslegen und kann weiter als Anknüpfungspunkt für eine erneuerte Wertschätzung der Körperlichkeit im Rahmen eines modernen Christentums dienen.

Zur Leiblichkeit des Menschen gehört seine Sexualität, die auch bei Hildegard durch die Lehre des Augustinus belastet bleibt, daß die Erbsünde durch den Zeugungsakt weitergegeben werde. Freilich bezieht sich bei Hildegard die Beseelung durch den göttlichen Einhauch der Vernunft auf den ganzen Leib. Auch in den Geschlechtsteilen »blüht die Gabe der Vernunft, so daß der Mensch weiß, was er zu tun und zu lassen hat. Daher empfindet er auch Freude an seinem geschlechtlichen Tun.« (LDO 63). Der ganze Kosmos wird von der lebenspendenden Grünkraft durchpulst. Analog hierzu kennt Hildegard auch die »Grünkraft bei den Zeugungsvorgängen« (LDO 167). Allerdings gerät angesichts derlei in der Tat bemerkenswerter Stellen manche moderne Darstellung allzu idyllisch. So weiß Hildegard auch von Männern zu berichten, die »sich an Männern begehrlich entflammen und perversen

So sind wir keine Engel, sondern haben einen Leib. Es ist Torheit, uns selbst zu Engeln machen zu wollen, während wir noch auf Erden sind.

Teresa von Avila, Leben

Verkehr treiben« – »die schmutzigste Übertretung«, die sich Satan ausgedacht habe: »Wenn solche Frevel unter den Menschen Einfluß gewinnen, dann wird die Einrichtung der göttlichen Gesetze zerfetzt werden, die Kirche – wie eine Witwe – wird zusammengeschlagen. Fürsten, Adlige und Reiche werden von ihren Untergebenen des Landes vertrieben und fliehen von Stadt zu Stadt. Der Adel wird vernichtet, und aus reich wird arm.« (LDO 197). Hildegards Heftigkeit korrespondiert mit anderen Belegstellen, in denen sie auf von der Ordnung abweichendes Verhalten äußerst empfindlich reagiert. Ihre Haltung ist im historischen Kontext verständlich, in der modernen Lektüre hingegen wird man sich von ihr distanzieren, es sei denn, man ist an einer fundamentalistischen Neuauflage der ›Rettung des Abendlandes‹ durch die Verfolgung von Minderheiten interessiert.

Weiter ist das Werk Hildegards aufgrund der weiblichen Elemente in ihrer Bildersprache und Akzentverschiebungen im Vergleich zur zeitgenössischen Theologie für feministische Fragestellungen von Interesse. So erscheint die allumfassende Liebe im Brief an Abt Adam von Ebrach als schönes Mädchen in wunderbarer Gewandung: »Und die ganze Schöpfung nannte dieses Mägdlein ›Herrin‹.« (B 140). Von der Weiblichkeit Gottes zeugt ebenfalls die an Papst Eugen ergehende Mahnung, in einer Rechtsangelegenheit im Einklang mit dem »Mutterschoß der Barmherzigkeit Gottes«[13] zu entscheiden. Bemerkenswert ist weiter, daß jene Stimme, die aus Hildegard spricht, die Aussage des Paulus, daß die Frau für den Mann erschaffen worden sei (1 Kor 11,9), offenbar für ergänzungsbedürftig hält und hinzufügt, daß auch der Mann um der Frau willen erschaffen wurde. Im übrigen macht es einen beträchtlichen Unterschied, ob man – wie in älteren Übersetzungen – die größere Kraft des Mannes mit der »zarteren Weichheit«

Im Konzept der weichen Stärke und der hiermit verbundenen Wertschätzung von Weiblichkeit trifft sich Hildegard mit taoistischem Gedankengut. Eines der Zentralsymbole der weichen Stärke ist das mit Weiblichkeit identifizierte Wasser:

Nichts aus Erden ist so weich und
schwach
Wie das Wasser.
Dennoch im Angriff auf das Feste
und Starke
Wird es durch nichts besiegt.

Lao-tse, Tao-Tà-King, Kap. 78, 1992

des Weibes kontrastiert oder aber, wie es in der richtigen Übersetzung heißt, »das Weib ... von weicherer Stärke« ist, Hildegard also von einer eigenen Art weiblicher Stärke ausgeht. Es ist ohne Zweifel das Verdienst der feministisch orientierten Hildegardforschung, derartige Neubewertungen Hildegards kenntlich gemacht zu haben. Zu diesem komplexen, nicht unumstrittenen, aber allemal lohnenswerten Thema sei auf die weiterführende Literatur hingewiesen. Festzuhalten bleibt, daß die Position Hildegards auch bei diesem Thema nicht einheitlich ist. Es lassen sich zahlreiche Belegstellen finden, die die gottgewollte Unterordnung der Frau unter den Mann beschreiben, also einen ›Sachverhalt‹, der etwa so aktuell ist wie die Zentralstellung der Erde im Kosmos. Was hindert also daran, auch bei diesem Thema, Kostbares zu bewahren und sich von historisch Überholtem zu trennen? Die These, daß bei den konservativen Sequenzen taktische Gründe bestimmend gewesen sein sollen, unterstellt Hildegard die Funktionalisierung ihrer Schau, während die visionäre Anlage des Werkes gerade umgekehrt wahrscheinlich macht, daß divergierende Aussagen Eingang fanden. Im übrigen sind innere Brüche nichts Ehrenrühriges, sondern Ausdruck der Siege und Niederlagen im Ringen mit dem jeweiligen Zeitgeist, der eben eine reale historische Person von den in jeder Hinsicht vorbildlichen Heiligen unterscheidet. Es gibt gute Gründe für eine feministische Lektüre Hildegards, Grund zu einer feministischen Hagiographie besteht nicht.

Von großer Aktualität scheint Hildegard in all jenen Sequenzen, in denen sie den Menschen in die kosmische Gesamtord-

42 Das Rad der Fortuna. Illumination aus dem ›Hortus deliciarum‹ der Herrad von Landsberg, 12. Jahrhundert

Hildegard und Dante

43 Illustration zu Dantes (1265–1321) ›Göttlicher Komödie‹. Stich von Gustave Doré (1832–1883)

Dantes ›Göttliche Komödie‹ gleicht Hildegards ›Liber divinorum operum‹ in der Vielbildlichkeit und Gedankentiefe, vor allem aber in der kosmischen Dimension. Im Rückgriff auf das ptolemäische Weltbild umkreisen bei Dante neun Sphären, die Träger der jeweiligen Gestirne, die stillstehende Erde. Beide Werke beschreiben einen geschlossenen Kosmos, der bei Hildegard von der allumfassenden Liebe, bei Dante von Gott, dem Urgrund und Beweger, gehalten wird, dessen Wohnstatt, das Empireum, das ganze All umfängt. Von hier aus bewegt und durchlichtet Gott das Universum. Die feststehende Position der Erde unterhalb der kreisenden Sphären ist bei Dante Ausdruck ihres niedrigsten Ranges im Gesamtgefüge, denn der Kreis und das Kreisen symbolisieren Vollkommenheit.

Dante ordnet den antiken neun Sphären die neun christlichen Engelschöre zu. Über der Erde läßt er Fortuna ihr Rad drehen. Die antike Göttin, nun ein Engel des christlichen Gottes, nimmt die Erde in die kreisende Gesamtbewegung, in die göttliche Heilsordnung, mit hinein. Von den Menschen allerdings wird ihr Wirken als blinde Macht des Schicksals erfahren. Fortunas Rad hebt in die höchsten Höhen und reißt in die tiefsten Tiefen hinab. Auch bei Hildegard verweist das Rad gleichermaßen auf Vollkommenheit wie auf Wandelbarkeit. Der in das kosmische Rad gestellte Mensch ist der Unbeständigkeit (*homo instabilis*) und der Veränderlichkeit unterworfen (*homo mutabilis*), »wie das Wogen eines Meeres flutet er ständig hin und her« (LDO 210).

Kosmologien führen die Kleinheit und Preisgegebenheit des einzelnen vor Augen und bergen ihn zugleich in einem großen Ganzen. Kosmologien lehren Demut und Vertrauen. Sie erweitern den Horizont und verleihen dem Denken eine über die eigene Person hinausgehende Perspektive. Daß hierbei weder die unter dem Rad Fortunas vergossenen Tränen noch die Nöte des Menschen »am Kreuzweg der weltlichen Sorgen« (LDO 45) aus dem Blickfeld geraten, macht die besondere Qualität der Werke Dantes und Hildegards aus. Kosmologien lehren, von sich Abstand zu nehmen; einen Abstand, den Dante als Wegstrecke bis zum Fixsternhimmel hinauf durchschreitet, von wo aus sich dem Zurückblickenden die Schönheit des Alls offenbart. Auge und Ohr öffnen sich für die Lichtsinfonie des Kosmos, den Einklang der tönenden Sphären und singenden Engelschöre, deren Lobpreis gleich einem kosmischen Lachen das Universum durchhallt: »Dem Vater und dem Sohne und dem Geiste/Erscholl im ganzen Paradiese ›Gloria‹,/So daß die süßen Klänge mich berauschten./Das, was ich sah, erschien mir wie ein Lachen/Des Weltalls, also daß durch Aug und Ohren/Zugleich mich süße Trunkenheit erfüllte./O Fröhlichkeit, o unsagbare Freuden!/O Leben ganz in Liebe und Frieden!« (Paradies XXVII, Gmelin [2]1970).

nung eingliedert, seine Verbundenheit mit der Schöpfung unterstreicht bzw. aus seiner besonderen Stellung seine besondere Verantwortung ableitet: »Der Mensch ist das Werk Gottes, er ist mit aller Kreatur, und alle Kreatur ist mit ihm.« (L 91). Das mikro-makrokosmische Denken bindet den Menschen von Kopf bis Fuß in den Kosmos ein, wobei die Verknüpfung durch Analogiebildungen zwar überholt, der Grundgedanke wechselseitiger Abhängigkeit jedoch hochaktuell ist: »So ist jedes Geschöpf mit einem anderen verbunden, und jedes Wesen wird durch ein anderes gehalten.« (LDO 53). Das Netzwerk an Analogiebezügen läßt sich heute auf einen Naturbegriff auslegen, der immer stärker vom Gedanken der Vernetzung geprägt wird. Der Mensch ist Teil dieses Netzwerks, weswegen man konsequenterweise besser von Mitwelt als von Umwelt spricht. In diesem Themenkreis lassen sich Berührungspunkte zwischen Hildegard und östlichem Gedankengut, insbesondere mit dem sogenannten chinesischen Universismus feststellen, einem Begriff, der die Idee der universellen Verbundenheit von Kosmos, Erde und Mensch im klassischen chinesischen Denken, d.h. im Konfuzianismus und Taoismus, beschreibt. Hildegard teilt mit diesem Denken die universelle Perspektive, die Einbindung des Menschen in elaborierten mikro-makrokosmischen Korrespondenzreihen, die Betonung des ausgewogenen Verhältnisses der Komponenten (das rechte Maß), die Liebe zur Musik als Ausdruck der höchsten Harmonie und nicht zuletzt einen strukturell angelegten Konservatismus, der Veränderungen im universell vernetzten Gesamtgefüge als Bedrohung der Ordnung des Ganzen begreift.

Die theologische Sonderstellung des Gott zum Bilde und Gleichnis erschaffenen Menschen hat sich mit der modernen Emanzipation von Gott zu einer schier allmächtigen Position hin verselbständigt. Bei Hildegard hingegen kommt die Sonder-

Der Mensch vereint in sich die Geisteskräfte von Himmel und Erde; in ihm gleichen sich die Prinzipien des Lichten und Schattigen (Yang und Yin) aus; in ihm treffen sich die Geister und Götter; in ihm finden sich die feinsten Kräfte der fünf Wandlungszustände (Elemente, zu denen etwa das Holz gezählt wird). Darum ist der Mensch das Herz von Himmel und Erde und der Keim der fünf Wandlungszustände.

›Li Gi, Das Buch der Riten, Sitten und Bräuche‹
(im 2. Jahrhundert n. Chr. zusammengestellt) [2]1994

stellung einer Mittel- bzw. Mittlerstellung des Menschen in der Gesamtordnung gleich: Über der Kreatur stehend, ist er doch Gott unterstellt. »Manche Menschen aber halten das Werk ihrer Hände schon für Gott, und sie nennen dieses Werk auch göttlich.« (LVM 102). Diese angemaßte Göttlichkeit, die Ausdruck der Ursünde des Hochmuts ist, bewirkt, daß der Mensch seine Grenzen überschreitet und somit die Ordnung des Ganzen, in der »Gott … alle Dinge … so eingerichtet (hat), daß eins auf das andre Rücksicht nehme« (LVM 181), ins Wanken bringt. Nicht ohne Betroffenheit vernimmt man heute den »wilden Schrei« der Elemente, die Hildegard im 12. Jahrhundert bei Christus Klage führen läßt: »Wir können nicht mehr laufen und unsere Bahn nach unseres Meisters Bestimmung vollenden. Denn die Menschen kehren uns mit ihren schlechten Taten wie eine Mühle von unterst zu oberst. Wir stinken schon wie die Pest und vergehen vor Hunger nach der vollen Gerechtigkeit.« Hierauf erhalten die Elemente zur Antwort: »Mit den Qualen derer, die euch verunreinigt haben, will Ich euch reinigen, so oft ihr besudelt werdet. Wer denn wäre Mir gewachsen? Doch nun sind alle Winde voll vom Moder des Laubes, und die Luft speit Schmutz aus, so daß die Menschen nicht einmal mehr recht ihren Mund aufzumachen wagen. Auch welkte die grünende Lebenskraft durch den gottlosen Irrwahn der verblendeten Menschenseelen … Jegliches Geschöpf steht hin zu seinem Schöpfer und erkennt klar, daß nur Einer es hervorgebracht hat. Nur der Mensch ist ein Rebell.« (LVM 133f.). Dieser Rebellion steht die Notwendigkeit zur Rückbindung an die göttliche Ordnung gegenüber, die für Hildegard noch mit der natür-

Blumen sind uns nah befreundet,
Pflanzen unserm Blut verwandt,
Und sie werden angefeindet,
Und wir tun so unbekannt.

Unser Kopf lenkt sich zum Denken
Und die Blume nach dem Licht,
Und wenn Nacht und Tau einbricht,
Sieht man sich die Blätter senken.

Wie der Mensch zum Schlaf einnickt,
Schlummert sie in sich gebückt.

Ludwig Tieck (1773–1853), Blumen

lichen Ordnung identisch ist. Beide Ordnungen sind in weiten Teilen des modernen Denkens auseinandergetreten. Hildegards Haltung läßt sich somit vom Glauben aus oder (und) vom wachen Blick auf die ökologischen Probleme der Gegenwart her verstehen, wahr bleibt sie allemal.

»Alles nämlich, was in der Ordnung Gottes steht, antwortet einander« (LVM 94), sagt Hildegard und beschreibt so das mikro-makrokosmische Netzwerk der Schöpfung als Dialog – ein Gedanke, den sie mit der dialogischen Philosophie Martin Bubers teilt. Beiden Werken ist weiter die Idee der allumfassenden Verbundenheit gemeinsam, deren Verlust bei Buber das Schicksal des in die individuelle Existenz entlassenen Menschen ist. Zugleich bleibt ihm aber ein latentes Beziehungsstreben, das durch ein immer neues Sich-Beziehen aktualisiert werden kann. Hildegards Forderung nach Rückbindung in die Ordnung des mittelalterlichen Kosmos findet ihre moderne Entsprechung in Bubers »Umkehr zur Verbundenheit«[13], der Wiederaufnahme des Dialogs mit der Schöpfung. »Echte Verantwortung gibt es nur, wo es wirkliches Antworten gibt«, stellt Buber fest, und Hildegard hätte diesen Standpunkt zweifellos geteilt. »Es kann nicht sein«, schreibt der jüdische Philosoph des 20. Jahrhunderts, »daß die Beziehung der menschlichen Person zu Gott durch Weglassen der Welt entstehe … Es kann nicht sein, daß auch im Glaubensverhältnis der Geist der Reduktion walte«, und auch hier darf man der Zustimmung der christlichen Kosmologin des Mittelalters sicher sein. Über den Abstand der Religionen und Jahrhunderte hinweg greifen beide Werke im Grundgedanken der Weltverbundenheit ineinander, so daß die allumfassende Liebe Hildegards den weltumfangenden Geist Bubers berührt: »Wagen wir es nur, die Arme unseres Geistes um (die Welt) zu legen: und unsere Hände begegnen den Händen, die sie halten.«

Du führest auch unseren Geist
in die Weite der Welt,
wehest Weisheit ins Leben
und mit der Weisheit die Freude!

Hymne auf den Heiligen Geist, Symph 136

Naturkunde, Heilkunde und Magie

Es gehört zu den problematischsten Zügen der modernen Hildegardrenaissance, daß die heil- und naturkundlichen Schriften stark in den Vordergrund treten. Noch bedenklicher als eine oftmals einseitige Darstellung, die dem Gesamtwerk nicht gerecht wird, ist die Tatsache, daß das Hildegardbild so von jenen Schriften geprägt wird, deren Authentizität nicht gesichert ist. Es sei daher an dieser Stelle ein kurzer Hinweis auf die etwas trockene Materie der Handschriften erlaubt.

Zu Beginn ihres zweiten Visionsbuches zählt Hildegard unter ihren Schriften ›Die Feinheiten der verschiedenen Naturen der Geschöpfe‹ (LVM 27) auf. Ein solches Werk, das zwischen dem Ende der ersten und dem Beginn der zweiten Visionsschrift, d. h. etwa zwischen 1151 und 1158, verfaßt worden sein muß, ist nicht erhalten. In der Folgezeit kennt man hingegen zwei natur- bzw. heilkundliche Schriften Hildegards, die erst später die heute geläufigen Titel ›Physica‹ (›Naturkunde‹) bzw. ›Causae et Curae‹ (›Heilkunde‹) erhielten. Man schließt aus der Tatsache, daß ein Werk von Hildegard erwähnt, aber zwei überliefert wurden, daß der Urtext schon früh in zwei Schriften unterteilt wurde. Die Handschriften dieser beiden Werke sind getrennt vom übrigen als authentisch geltenden Handschriftenkorpus der Werke Hildegards überliefert und entstammen späteren Jahrhunderten, die früheste aus dem 13. Jahrhundert. Die Zahl der Handschriften ist nicht groß, wobei die einzelnen Zeugnisse untereinander beträchtlich divergieren. Von der ›Heilkunde‹ ist sogar nur eine Handschrift

Säftelehre (Humorallehre): Die Lehre von den vier Säften geht auf Claudius Galenus (129–199 n. Chr.) zurück. Die vier Säfte sind: Schleim (gr. *phlegma*), Blut (lat. *sanguis*), schwarze Galle (gr. *melanos* = schwarz), Galle (gr. *chole*). Den vier Säften werden vier Temperamente zugeordnet: Phlegmatiker, Sanguiniker, Melancholiker und Choleriker. Hildegard unterscheidet sich kaum von der antiken Lehre, auch wenn sie neue Bezeichnungen verwendet. In Analogie zu den vier Elementen kennt sie trockenes, feuchtes, schaumiges und lauwarmes Phlegma. Im ausgewogenen Verhältnis der Säfte gründet nach dieser Auffassung die Gesundheit.

erhalten, bei der unklar ist, ob es sich um ein authentisches Werk Hildegards oder um eine der im Mittelalter beliebten Kompilationen, d. h. um eine Zusammenstellung aus unterschiedlichen Werken, handelt. Die Unsicherheit über die Authentizität der natur- und heilkundlichen Schriften, die bereits Schrader/ Führkötter im Jahr 1956 feststellten, hat sich zwischenzeitlich verstärkt. Neue Handschriftenfunde und Forschungen, haben »die Echtheit der unter Hildegards Namen tradierten Schriften noch fragwürdiger gemacht«[15]. Unbestritten ist, daß Hildegard natur- und heilkundliche Schriften verfaßt hat, doch welche der auf uns gekommenen Zeugnisse von ihr stammen oder auf fremde Einfügungen zurückgehen, bleibt unklar und im Einzelfall zu klären. Margot Schmidt faßt die Bedeutung der Sachlage wie folgt zusammen: »Hildegard-Kenner haben daher aus der bekannten Tatsache, daß die Autorenschaft der naturkundlich-medizinischen Schriften für Hildegard nicht in jedem Falle gesichert ist, diese bisher nur mit Zurückhaltung und ohne gewichtige Schlußfolgerungen verwendet und sich aus gutem Grund an die gesicherten theologischen Visionsschriften gehalten.«[16] Dies bedeutet nicht, daß die Auseinandersetzung mit Hildegards Natur- und Heilkunde nicht sinnvoll wäre. Freilich ist man gerade bei diesen Themen auf eine kundige und seriöse Darstellung angewiesen, wie sie sich z. B. in den Schriften von Heinrich Schipperges oder Irmgard Müller finden läßt.

Die Heilkunde (›Causae et Curae‹) beginnt mit einem Kapitel zur Schöpfung der Welt. Es folgen Kapitel zum Bau des Kosmos und dem Wesen der Weltelemente. Kapitel vier und fünf behandeln den gesunden und den kranken Menschen. Das Werk enthält Bedenkens- und Prüfenswertes aus der alten Tradition der Klostermedizin. Auffallend sind die bisweilen

Zur Unsicherheit der Quellenlage kommt noch die Vieldeutigkeit der Krankheitsbezeichnungen und Pflanzennamen als erschwerender Umstand hinzu. Hildegard benutzt, wie andere mittelalterliche Autoren, keine fest umrissene medizinische Terminologie, sondern verwendet deutsche und lateinische Krankheitsbezeichnungen für einander verwandt erscheinende, aber ursächlich verschiedene Krankheitsbilder ... Weitere Komplikationen ergeben sich daraus, daß die Begriffsinhalte der Krankheitstermini nur gelegentlich mit den heutigen Definitionen übereinstimmen. *Irmgard Müller, Heilmittel*

exakten Beobachtungen natürlicher Phänomene sowie die sich von der Prüderie späterer Jahrhunderte wohltuend abhebende Unbefangenheit, mit der Fragen der Geschlechtlichkeit behandelt werden. Einen offenkundig hildegardischen Geist atmen all jene Stellen, die sich um ihren Zentralgedanken, das innere Ordnungsgefüge der Schöpfung, drehen, das alles Geschaffene und folglich auch das Verhältnis zwischen Körper und Seele bestimmt. Entsprechend setzt Heinrich Schipperges in »Das Menschenbild des Mittelalters‹ die moderne Bedeutung der Heilkunde insbesondere bei der geordneten Lebensführung an, die das rechte Maß in allen Dingen wahrt. Dies entspricht der traditionellen Diätetik, die über die »Temperierung der Lebensbelange, in abwägender Verhaltenheit zu einer ausgewogenen Haltung führt, die dem Anspruch der Welt vernünftig entspricht«.

Die Heilkunde ist zugleich Kunde vom Heil und Unheil des Menschen, d.h. ebensosehr eine theologische wie eine ›medizinische‹ Schrift. Die Krankheitsgeschichte der ganzen Menschheit beginnt mit dem Sündenfall: »Die Traurigkeit und Verzweiflung, die Adam infolge seines Sündenfalles bekam, entstehen aus der Schwarzgalle. Denn im selben Augenblick, da Adam das göttliche Gebot übertrat,

44 Der Sündenfall. Illumination aus ›Scivias‹, Rupertsberger Kodex, 12. Jahrhundert

45 Christus erweckt die Tochter des Jairus. Aus dem sogenannten Gebetbuch der Hildegard von Bingen. München, Bayerische Staatsbibliothek

sammelte sich die Schwarzgalle in seinem Blut.« (Hw 180). Adam war heil und licht erschaffen worden, als das, was in ihm zuvor gleich einem Kristall leuchtete, sich in Schwarzgalle verwandelte, die sein Gemüt verfinsterte und seinen Körper krank und sterblich machte. Fortan ist der Mensch ein gebrechliches Wesen. Angesichts des Unheils, das Adam in die Welt brachte, wird »Christus Medicus« zum wahren Heiler. »Ich bin der große Arzt«, spricht daher in ›Scivias‹ die himmlische Stimme, »für alles Siechtum und handle wie ein Arzt, wenn er den heilsbegierigen Kranken sieht.« (Sci 118). Freilich ist die kreatürliche Not während seines Erdendaseins des Menschen Schicksal. Letzte Heilung und Heilheit bleiben im Denken Hildegards stets der jenseitigen Zukunft vorbehalten.

Neben für Hildegard typischem Gedankengut findet sich in der Heilkunde auch manch Befremdliches. So wird der sechste Band des Buches, in dem Charakter und Schicksal des Menschen vom Zeitpunkt seiner Zeugung in den verschiedenen Mondphasen abhängig gemacht wird, als nicht authentisch betrachtet, da die astrologischen Ausführungen in eklatantem Gegensatz zu Hildegards Theologie stehen.

Wenn Heil und Heilung ineinandergreifen, steckt dann im kranken Körper eine kranke Seele oder gar ein kranker Geist? In ihrem Buch ›Krankheit als Metapher‹ (deutsch 1978) sieht die amerikanische Essayistin Susan Sontag in solchen Erklärungen Instrumente, »um die Schande (der Krankheit) auf die Kranken abzuwälzen«. So bedenkenswert ein ganzheitliches Krankheitsverständnis auch ist, so bedenklich ist es aber, die alte Verbindung von Krankheit und Schuld erneut einzuschleusen – sei es durch die religiös-fundamentalistische Vorder- oder die vulgär-psychologische Hintertür. Dies ist selbstver-

Bernhard von Clairvaux über den Heiligen Geist
Wie der Arzt zum Verwundeten, so kommt der Geist zur Seele. Wenn nun der Geist zu dieser Seele kommt, was ist zuerst vonnöten? Vor allem gilt es, die Geschwulst oder das Geschwür wegzuschneiden, das etwa die Wunde überwuchert und die Heilung aufhalten kann. Daher schneide man mit dem scharfen Messer der Zerknirschung das Geschwür veralteter Gewohnheit ab. Das verursacht aber bittern Schmerz. Den lindere man durch die Salbe der Danksagung … Sodann wird das Heilmittel der Buße auferlegt.

Zit. n. Wolters, Band 5

Die Naturkunde (›Physica‹) ist in neun Bücher mit 513 Einzelbeschreibungen unterteilt. Die ersten beiden Bände handeln von den Pflanzen und den Elementen. Dem schließt sich ein Band über Steine an, der heute als Hildegards Edelsteinmedizin rezipiert wird. In den folgenden Bänden geht es um Fische, Vögel und Tiere. Danach kommt ein Band ›Vom Gewürm‹, dem auch der Drache zugezählt wird. Das Werk schließt mit Ausführungen über den Ursprung der Metalle. Bemerkenswert ist der Band über die Fische, der detaillierte Beschreibungen rheinischer Fischarten enthält und somit in der exakten Naturbeobachtung für das Mittelalter außergewöhnlich ist. Freilich läßt sich im Buch über die Tiere auch finden, daß das abgeschnittene rechte Ohr eines Löwen, steckt man es in das Ohr des Kranken, gegen Taubheit hilft, wenn zugleich folgende Formel gesprochen wird: »Höre, beschworen beim lebendigen Gott und bei der hohen Kraft des Löwengehörs.« (BvT 87). Mit einem deutlich verminderten Risiko für das Gesamtbefinden ist hingegen die Beschaffung einer in den letzten Zügen liegenden Maus verbunden, die zwischen den Schultern angebunden wird und, wenn sie stirbt, vom Wechselfieber befreit. Zu Mitleid neigende Tierfreunde seien auf das üble Naturell der Maus hingewiesen, denn sie »hat einen hinterhäl-

ständlich nicht das Problem Hildegards, sondern das ihrer (alt-)modischen Rezipienten. Hildegard hingegen weiß die Barmherzigkeit auch als Heilkundige zu schätzen, so daß sich die Tugend mit folgenden Worten vorstellt: »Ich aber, ich bin in Luft und Tau und in aller grünenden Frische ein überaus liebliches Heilkraut. Übervoll ist mein Herz, jedwedem Hilfe zu schenken … Mit liebendem Auge berücksichtige ich alle Lebensnöte und fühle mich allen verbunden. Den Gebrochenen helfe ich auf und führe sie zur Gesundung. Eine Salbe bin ich für jeden Schmerz …« (LVM 34).

tigen Charakter, weil sie immer davonläuft und sich versteckt« (BvT 123). Bekanntlich ist gegen Dummheit kein Kraut gewachsen, während die Heilkraft der Edelsteine selbst bei diesem hartnäckigen Leiden Abhilfe schafft: »Aber auch wer dumm ist, so daß ihm jedes höhere Wissen abgeht, und trotzdem klug sein möchte, es aber nicht kann und dabei nicht Bosheit im Auge hat, noch auf sie aus ist, der lecke mit seiner Zunge in nüchternem Zustand häufig an dem Saphir, weil die Wärme und die Kraft dieses Steines zusammen mit der warmen Feuchte des Speichels die schädlichen Säfte, die den Verstand des Menschen stark beeinträchtigen, vertreiben, und so wird der Mensch zu gutem Verstand kommen.« (BvS 44). Ein Vertreter der modernen Hildegardmedizin versieht die Sequenz aus dem Edelsteinbuch mit dem praktischen Hinweis: »Wir empfehlen, den Saphir in einen Silberlöffel einzufassen. Dann kann er täglich abgeleckt werden.«[12]

Derlei Zitate aus den naturkundlichen Werken zeugen nicht nur von einem schier unüberbrückbaren Niveaugefälle im Vergleich zu den Visionsschriften. Insbesondere die Anwendung magischer Praktiken in Form von Beschwörungsformeln und der Nutzung der Zauberkräfte von Tieren und Pflanzen, stehen in offenkundigem Gegensatz zu Hildegards Verständnis des Menschen, der stets an der Wegscheide zwischen dem Guten und dem Übel, also in der Verantwortung steht. Im Fall des Gelingens wird die Entscheidung von der *rationalitas* gelenkt, einem der tiefgründigsten Begriffe im Werk Hildegards, gemäß dem sich der vernünftige Mensch in die vernünftige Schöpfung einfügt. Die Entscheidung obliegt dem freien Willen und ist daher von ganz anderer Art als magische Praktiken, die die Entscheidung umgehen, indem sie das Übel zu bannen suchen. Entsprechend tritt im Tugend-Laster-Katalog der zweiten Visionsschrift »die magische Kunst« als Laster

Der Hildegardkenner und Medizinhistoriker Heinrich Schipperges über mittelalterliche Heilkunde und die Rolle des Arztes: »Zahlreiche Handschriften des frühen Mittelalters zeigen noch (das) Idealbild des Arztes: Der Arzt ist der Baumeister der Gesundheit, der Moderator, der Maß nimmt, Maß hält und Maßstäbe setzt … Heilkunst und Lebenskunde waren in dieser Welt des Mittelalters noch ganz und gar eins. Sie wurden nicht von ungefähr zum Element einer allgemein verbindlichen Lebensphilosophie. Die Heilkunde war eingewoben in das Leben mit seinen all-

auf (vgl. Sci 115f.), das ein Streitgespräch mit der »Tugend des wahren Gottesdienstes« führt. In ihrer Rechtfertigungsrede rühmt sich die Allegorie (d.h. die personifizierte Form) des Lasters ihrer Macht: »Ich beherrsche die Leuchten des Himmels, die Bäume und Kräuter, wie jedes irdische Grünen. Ich gebiete den wilden Tieren und den übrigen Lebewesen auf der Erde wie auch dem Gewürm über und unter der Erde. Wer will mir bei meiner Methode Widerstand leisten?« (LVM 225). Seit jeher glaubten, so Hildegard, diejenigen, die sich der Magie bedienten, auf alles eine Antwort zu haben: »Mit ihren Forschungen haben sie die Elemente derart unterjocht, daß sie alles, was sie nur wollten, mit Sicherheit entdeckten.« (LVM 224). Hildegard unterstreicht weiter die enge Verbindung zwischen Magie und der Unstetigkeit, die in Hildegards Abfolge der Laster der Magie vorangeht: »Denn wer den magischen Künsten nachjagt, erreicht diese am ehesten über die Unstetigkeit.« Beide Laster gehören »naturnotwendig« (LVM 240) zusammen, denn der Mensch eilt ruhelos von einer magischen Praktik zur nächsten. Diejenigen, die sich dem Geist der Magie ergeben, setzen »nicht das Endziel in vertrauensvoller Hoffnung auf Gott«, sondern werden von »Haß und Herrschsucht« umgetrieben. Wie all die anderen Laster, die Hildegard beschreibt, ist auch die Kunst der Magie der Ausdruck der Unvernunft schlechthin. Aus diesem Grund mahnt die Tugend des wahren Gottesdienstes an, »angesichts der Nichtigkeit solcher Täuschungsmanöver wieder zu Verstand zu kommen« (LVM 241).

Hildegard macht in dieser bemerkenswerten Sequenz die Strategie kenntlich, mit der das herrschsüchtige Laster auf die menschliche Grunderfahrung der Ohnmacht angesichts der Bedrohung durch Verlust, Krankheit und Tod reagiert. Man mag hier heute an diverse esoterische Praktiken denken, und

täglichen Grundbedürfnissen des Essens und Trinkens, des Schlafens und Beischlafens, der Atmung und der Ausscheidung, der Kleidung und Wohnung, der Affekte und Emotionen, die es alle insgesamt und in jedem Punkt besonders zu zivilisieren und zu stabilisieren galt. Die Regeln dieser Lebensführung finden wir in einer geschlossenen, bis in alle Einzelheiten durchgebildeten Lebenskunst (*ars vivendi*), zu der selbstverständlich auch die Sterbekunst (*ars moriendi*) gehörte.« (Der Garten der Gesundheit. Medizin im Mittelalter, 1990).

46 Heilung der Aussätzigen. Illumination im Evangeliar aus Echternach, um 1400

auch das Kriterium der Unstetigkeit paßt gut zu einer Haltung, die sich in rasantem Wechsel auf all das bezieht, was der Markt gerade zu bieten hat. Hildegards Laster strebt danach, »alles ... in der Welt zu erforschen« (LVM 253), glaubt, alles zu wissen und über alles Macht zu besitzen. Dies läßt auch an das grenzenlose Vertrauen in die Möglichkeiten von Medizin und Technik denken, an dem – wie an allem, was auf die umfassende Bannung des Übels setzt – magische Züge erkennbar werden. Vor dem Hintergrund eines Textes aus dem 12. Jahrhundert wird somit die innere Verwandtschaft der verfeindeten Formen moderner ›Gläubigkeit‹ kenntlich, die dem Geist der Bemächtigung entstammen und daher schier alles für machbar halten. Hildegard setzt dem Laster der eingebildeten Allmacht die Bereitschaft zur Einfügung in die Ordnung des Ganzen entgegen, was für sie ein Akt der vertrauenden Hingabe, vor allem anderen aber Ausdruck der Vernunft ist. Das unvernünftige Laster hingegen gibt in seinen scheinklugen Reden unfreiwillig seine Torheit preis: »Würde ich nämlich immer nur auf Gott schauen und würde ich mir die Güter nicht aneignen, dann könnte mir Gott alles, was ich besitze, ganz wie es Ihm gefällt, auch

Heinrich Schipperges bemerkt über die zeitgenössische Medizin, »daß wir zwar ein bewundernswertes System der Befunde haben, aber keines der Befindlichkeit; daß wir die krankheitsorientierte Medizin beherrschen, aber nur wenig wissen von der patientenorientierten Heilkunst ... Dem Patienten geht es nämlich weniger um die Befunde als um seine Befindlichkeit ... Heilkunst in unserem Sinne hat weniger mit dem Gegenstand zu tun als mit dem Gegenüber.« (Homo patiens. Zur Geschichte des kranken Menschen, 1985).

wieder wegnehmen. Und was hätte ich dann?« Es ist nicht notwendig, Hildegards Glauben zu teilen, um den offenbar zeitlosen Trugschluß desjenigen zu erkennen, der sich hier »nur selber zum Narren hält« (LVM 253). Das Laster ist Ausdruck der Torheit des gegen die kreatürliche Ordnung aufbegehrenden Menschen (*homo rebellis*), der alles im Griff zu haben, alles in Händen zu halten glaubt und folglich nicht anders kann, als sich an dem, was er einmal hat, festzukrallen. Das letzte Hemd allerdings hat bekanntlich keine Taschen.

Die Predigtreisen

Hildegard unternahm in den Jahren von 1158 bis 1171 vier große Predigtreisen. Die erste Reise führte sie den Main entlang nach Mainz, Würzburg, Ebrach bis Bamberg. Auf der rheinisch-lothringischen Fahrt predigte sie Pfingsten 1160 in Trier und besuchte Metz. Die Route der dritten Reise (1161–1163) erstreckte sich rheinabwärts bis nach Köln und ins Ruhrgebiet. Ihre vierte Reise führte sie um 1170 nach Schwaben – eine erstaunliche Energieleistung der über siebzigjährigen Äbtissin, zumal wenn man die Beschwerlichkeit des Reisens im Mittelalter bedenkt.

Nach dem Bericht der Vita brach Hildegard »vom göttlichen Geist nicht nur angetrieben, sondern genötigt« zu diesen Reisen auf und »verkündigte ..., was das Heil der Seelen betraf, so wie Gott es ihr offenbarte« (L 110f.). Wiederum wird im göttlichen Auftrag das Unmögliche – hier die öffentliche Predigt einer Frau – möglich. Die Briefe, in denen sie um die Übersendung der schriftlichen Predigtfassungen gebeten wurde, zeugen von der Verehrung für die »Mitwisserin der (göttlichen) Geheimnisse« (B 167), das »wahrhafte Orakel Gottes« (B 168). Wenn weiter Werner von Kirchheim, wo Hildegard auf ihrer letzten Reise gegen Mißstände im Klerus gepredigt hatte, seiner Hoffnung Ausdruck verleiht, Hildegard »möge nach dem Vorbild Deboras die feindlichen Scharen unter Gottes Führung vernichten« (B 281), so findet hier das zeitgenössische Verständnis von Hildegards Auftreten als Mahnpredigerin in der Traditionsfolge der Propheten seinen Niederschlag.

(Paulus) erlaubt nicht, daß eine Frau in der Kirche lehrt. Diese Frau aber ist durch den Empfang des Heiligen Geistes von dieser Anweisung befreit, und seine Leitung belehrt sie ... So verkündet sie, wie man es aus ihren Schriften ersieht, was diese (innere Salbung) ihr im Verborgenen eingibt, mutig in der Öffentlichkeit, um die Zuhörer zu unterweisen. Dennoch ist sie sich ihres Geschlechts und ihrer besonderen Stellung bewußt und vor allem des erwähnten Verbotes. Sie gehorcht dem Geist und widersetzt sich so nicht dem Apostel, den der Geist sendet. (KL 42f.) *Abt Ruperts Lobrede auf Hildegard*

Dem entspricht Hildegards Selbstverständnis, wobei die Tatsache, daß nunmehr gerade die Prophetin ihr mahnendes Wort erhebt, für sie in der heilsgeschichtlichen Epoche gründet, als die sie ihre Gegenwart begreift.

In ihrer Schrift ›Scivias‹ leitet Hildegard die heilsgeschichtlichen Epochen von den biblischen Schöpfungstagen ab. Die fünf ersten Tage bezeichnen die Zeit vor Christus. Mit Christus beginnt der sechste Tag. Hierauf folgt mit dem siebten Tag die Endzeit, die mit dem Erscheinen des Antichristen und dessen Vernichtung durch die erneute Ankunft Christi beschlossen wird. Diese letzte heilsgeschichtliche Epoche unterteilt Hildegard in fünf durch Tiere symbolisierte Phasen, die sie in der dritten Visionsschrift im Wechsel von Verfolgungs- und Friedenszeiten näher bestimmt. Wesentlich an Hildegards komplizierten Reflexionen ist, daß der siebte Tag, die Endzeit, zur Zeit Hildegards beginnt: »Waffnet euch und haltet euch durch diese treuen Schutzwehren gemahnt, zum Entscheidungskampfe bereit.« (Sci 337).

Hildegard nennt die erste endzeitliche Phase auch die »Zeit weibischer Schwäche« (*tempus muliebris debilitatis*), da sie auf das mannhafte

47 ›Scivias‹: Das Ende der Zeiten (Schau III, 11). Das schwarze Haupt, das die Allegorie der Kirche verunstaltet, symbolisiert den Antichristen, der in der letzten endzeitlichen Phase »in widernatürlicher Schändlichkeit und schwärzester Bosheit wüten wird« (Sci 334).

Heilsgeschichte beschreibt die Geschichte des Heils gemäß der göttlichen Vorsehung, ist also eine vom modernen Verständnis abweichende Konzeption von Geschichte. Sie beginnt mit der Schöpfung bzw. mit dem Sturz Satans. Ihr Zentralereignis ist die Inkarnation Gottes, der in »der Mitte der Zeit« Mensch wurde, und sie endet mit den letzten Dingen, der Wiederkunft Christi auf Erden und dem Jüngsten Gericht. Dem geht eine düstere Zeit der Verfolgungen voran, die Zeit des Antichristen. Die Menschen des Mittelalters begreifen ihre Epoche als Endzeit. Nach der irdischen Idealzeit des Wirkens Christi und der Apostel versteht man die Ge-

Zeitalter folgt, an dessen Beginn die Apostel standen. Die Gegenwart ist hingegen eine Zeit des Niedergangs, in der die Gerechtigkeit den »ekelhaften Zustand« der Kirche beklagt (LDO 293). Der Klerus ist weibisch schwach, da er die Seelsorge vernachlässigt und sich Ausschweifungen hingibt, ihm also die für Hildegard positiven Attribute von Weiblichkeit fehlen, nämlich Mütterlichkeit und Jungfräulichkeit. In dieser Epoche, da die »Gebildeten und Starken«, also der männliche Klerus, versagen, wird die »Ungebildete und Schwache«, also eine Frau, berufen, die Wahrheit zu künden: »Deshalb spreche (ICH) jetzt durch einen unberedten Menschen über die Heilige Schrift.« (Sci2 562). Neben dem Lehrauftrag, der hier der prophetischen Theologin erteilt wird, soll sie zur Wiederherstellung der mannhaften Stärke, d.h. zur Erneuerung der apostolischen Werte, mahnen. Hildegard spricht, »damit diejenigen von Scham ergriffen werden, die meinem Volk den geraden Weg zeigen sollten, aber wegen ihrer Sittenverderbnis sich der Pflicht entziehen, offen die Gerechtigkeit, um die sie wohl wissen, zu predigen. Denn sie wollen sich der bösen Lust nicht enthalten, von der sie so beherrscht sind, daß sie vor dem Angesichte des Herrn fliehen und erröten, die Wahrheit zu reden.« Hildegards Predigt erfolgt in heilsgeschichtlicher Mission und somit als göttlich legitimierte Ausnahme von der Regel. Als Prophetin durchbricht sie die Rolle, der sie als Frau unterworfen bleibt: »Rede du«, so der Auftrag, »klein im Geiste, aber in deinem Innern belehrt durch meinen geheimnisvollen Hauch, wenn du auch um der Sünde Evas willen dem Manne untergeordnet bist.« (Sci 150).

Sowohl in der Trierer (1160) als auch in der Kölner Predigt (zwischen 1161 und 1163) münden heilsgeschichtliche Betrachtungen in eine scharfe Kritik am Klerus. Nicht anders als viele Zeitgenossen sieht Hildegard die Kirche durch innere Miß-

genwart als Endpunkt eines fortschreitenden Niedergangs. Für die Frommen ist das Ende der Welt gleichbedeutend mit dem Ende der irdischen Pilgerschaft, der Rückkehr in die himmlische Heimat. Die Heilsgeschichte kann also auch als Zustreben auf die Erfüllung des göttlichen Heilsplanes, d. h. optimistisch bewertet werden. Heilsgeschichtliche Reflexionen sind heute kaum noch von Bedeutung. In Hildegards Werk nehmen sie jedoch einen breiten Raum ein, der dem grundlegenden Interesse in ihrer Epoche an derlei Fragen entspricht.

Exkurs: Vilemina und Mayfreda
Mittelalterliches Denken wird durch hierarchische Kategorien bestimmt. Eine Alternative zum hierarchischen Verhältnis der Geschlechter ist daher kaum denkbar, zumal dem die einseitige Bibelexegese einer traditionell frauenfeindlichen Theologie entgegensteht. Um so bemerkenswerter ist eine spektakuläre Ausnahme: der Fall von Vilemina (Guillelma) und ihrer Priesterin Mayfreda, von dem Mailänder Inquisitionsakten aus dem Jahr 1300 berichten. Mayfreda gesteht, gehört zu haben, »daß Guillelma … die Person des Heiligen Geistes, die dritte Person in der Dreifaltigkeit, wahrer Gott und wahrer Mensch weiblichen Geschlechts gewesen sei, wie Christus wahrer Gott und wahrer Mensch männlichen Geschlechts gewesen sei«. Daß sie weiter wie Christus gelitten habe, auferstanden und in den Himmel aufgefahren sei und daß sie »mit ihrem menschlichen Leib und weiblichen Geschlecht« zum Jüngsten Gericht erscheinen werde[13]. So befremdlich diese Aussagen heute klingen mögen, die Lehre der Sekte der Guglielmiten bezieht sich auf die Tatsache, daß sich Gott als Mensch, aber eben auch als Mann auf Erden inkarnierte. Da der Mensch bekanntlich sowohl männlich als auch weiblich ist, wird das männliche Erdendasein Gottes um das weibliche Erdendasein Gottes in Gestalt von Guillelma ergänzt. In Analogie zum männlichen Klerus, der sich von Christus ableitet, leitet man so von Guillelma einen weiblichen Klerus ab. Eine Zeugin berichtet, »Schwester Mayfreda habe sich letzte Ostern wie ein Priester gekleidet …, und die genannte Schwester Mayfreda habe die Messe gelesen … Sie habe bei dieser Messe alles getan, was andere Priester tun.« Im September wurde Mayfreda mit weiteren Anhängern auf dem Scheiterhaufen verbrannt – gemeinsam mit Guillelma, die bereits 1281 verstorben war, so daß man ihren Leichnam zu diesem Zweck eigens ausgraben und nach Mailand überführen mußte.

stände bedroht: Der Klerus ist viel zu sehr in weltliche Angelegenheiten eingebunden, um sich noch um seine geistlichen Aufgaben kümmern zu können. So erscheint die Kirchenreform als die drängende Aufgabe der Gegenwart. Entsprechend steht in der Kölner Predigt gegen die Katharer die Mahn- und Drohrede an den Klerus im Vordergrund, den allein

48 Chöre der Seligen. Unterhalb der thronenden Himmelskönigin Maria die Engel, Patriarchen und Propheten, Apostel, Märtyrer, Bekenner sowie die Gruppe der Jungfrauen. Rupertsberger Kodex, 12. Jahrhundert

seine weltlichen Geschäfte interessieren: »Bald seid ihr Soldaten, bald Knechte, bald Possenreißer. Mit eurem leeren Getue verscheucht ihr aber bestenfalls im Sommer einige Fliegen.« (B 170). Dieses Versagen des Klerus macht für Hildegard das Auftreten der Katharer überhaupt erst möglich.

Die Katharer (gr., »Reine«) waren eine dualistische Sekte, die streng zwischen dem guten geistig-seelischen Prinzip und dem mit dem Bösen identifizierten irdisch-leiblichen Prinzip unterschied. Sie verwarfen die Ehe, die Sakramente und die Priesterschaft und negierten den kirchlichen Anspruch auf alleinige Heilsvermittlung. Die rigorose Ablehnung von Leib und Welt lief Hildegards theologischen Grundüberzeugungen zuwider. Nicht minder anstößig muß für sie jedoch die Infragestellung der gesellschaftlich-religiösen Ordnung gewesen sein, die sogleich den ewigen Störenfried als den eigentlichen Drahtzieher und folglich ein Schreckensszenario des Unterganges auf den Plan ruft: »Denn der Teufel ist bei diesen Leuten ... Wenn ihr sie nicht ausweist, wird die ganze Kirche zugrundegehen.« (B 171). In der Mainzer Predigt droht umgekehrt der Untergang all jenen, die das »unreine und unheilige Volk« bei sich dulden: »Denn eure Städte und Dörfer werden zerstört und eure Landgüter wegen dieser verleumderischen Menschen verwüstet werden, wenn sie bei euch verbleiben.« (B2 321).

49 Der Tag der großen Offenbarung: Darstellung der Auferstehung der Toten und des Jüngsten Gerichtes: »Da erstrahlten alsbald die Auserwählten lichter als der Glanz der Sonne. Mit dem Sohne Gottes und den seligen Scharen der Engel zogen sie in großer Freude in den Himmel ein. Die Verdammten aber fuhren mit dem Teufel und seinen Engeln unter lautem Heulen in den höllischen Abgrund.« (Sci 346). Rupertsberger Kodex, 12. Jahrhundert

Des weiteren betont Hildegard, daß der Endzweck all des keuschen Gebarens der Ketzer die Unkeuschheit sei: »Auf diese Weise angeln sie sich die Weiber und fangen sie in ihren Irrtum ein. Im Hochmut ihres aufgeblähten Geistes behaupten sie: ›Wir übertreffen alle.‹ Und hinterher treiben sie doch insgeheim mit jenen Weibern Wollust.« (B 171). Auch Bernhard von Clairvaux, der gegen den Ketzer Heinrich von Lausanne (den Vertreter einer radikalen und daher mißliebigen Richtung der Kirchenreform) predigte, prangerte den Hochmut und die Heuchelei eines Mannes an, der sich nächtens mit Prostituierten herumtreibe. Die Übereinstimmung der Vorwürfe überrascht nicht, denn auch das mittelalterliche Ketzerbild folgt verbindlichen Mustern. Der Hochmut der Ketzer bezieht sich auf das Abweichen vom katholischen Glauben. Der Vorwurf der Heuchelei (*hypocrisis*) trägt der Tatsache Rechnung, daß dem religiösen Eifer vieler Sektenmitglieder ihre strenge Lebensführung entsprach. Der Kontrast zu den Mißständen im Klerus machte – dies schätzt Hildegard durchaus realistisch ein – einen großen Teil der Attraktivität der Sekten aus. Der Vorwurf der Heuchelei denunziert das reale Verhalten als teuflisches Trugbild. Nunmehr ist der Weg frei für Unterstellungen jeglicher Art, bevorzugt

Fast alle Quellen unseres Wissens über die Ketzer sind Zeugnisse ihrer katholischen Gegner. Das heißt: nicht nur fehlt fast jede unmittelbare Äußerung, jedes Selbstzeugnis der Menschen, die hier verstanden werden sollen …, sondern alles, was wir über sie erfahren, ist vermittelt durch ein Schaltwerk von Auffassungen und Deutungen aus kirchlicher Einstellung … Der Ketzer ist nicht nur Negation, sondern Gegenbild des wahren Gläubigen, und die Kirchenlehre hat für diesen wie für jenen einen »Idealtyp« geprägt … Diese allgemeinen typischen Grundzüge wollen auf jeden Ketzer zutreffen, eben insofern er Ketzer ist, unabhängig vom Inhalt seiner Lehre … Die Voraussetzung dafür ist die wesensmäßige Einheit des Ketzertums trotz äußerlich-scheinbarer Vielgestalt – ein weiterer Zug (des) Bildes. Das Wesentliche ist, vom Katholizismus her gesehen, der Charakter als Ketzer schlechthin, die Spaltung in Lehren und Sekten ist daneben sekundär … Hat man die Anschauungen und Tendenzen begriffen, die über alle Tatsachen hinweg den vorgefaßten Typus des Ketzertums in kirchlicher Vorstellung festlegen, so bleibt zwar gewiß nicht nach Abzug dieser typischen Faktoren das Tatsächliche übrig; aber man kennt dann das reflektierende Medium, durch das uns alles Wissen von den Ketzern vermittelt ist.

Herbert Grundmann, Ausgewählte Aufsätze:
Der Typus des Ketzers in mittelalterlicher Anschauung, 1976

Über die Kölner Ketzerverhöre im Jahr 1143 liegt ein Bericht des Abtes Evervin von Steinfurt vor. Es ist das Zeugnis eines nachdenklichen Mannes, der sich der geläufigen Polemik enthielt und offenbar von der Frömmigkeit der Ketzer, die sich als »Arme Christi« in der Nachfolge der Apostel verstanden, stark beeindruckt war. Von den Ereignissen in Köln ist bekannt, daß sich die Führer der Ketzer bereit erklärt hatten, zur Kirche zurückzukehren, wenn sie in einer öffentlichen Disputation widerlegt würden. Der Kölner Klerus ließ sich darauf nicht ein, sondern setzte seine Bekehrungsversuche fort, bis er von der fanatisierten Menge unterbrochen wurde, die die Ketzer auf den Scheiterhaufen zerrten und verbrannten.

Über die Vorgänge im Jahr 1163 berichtet die Kölner Königschronik, Katharer hätten in einer Scheune abseits der Stadt gelebt und sich dadurch verdächtig gemacht, daß sie nicht beim sonntäglichen Gottesdienst erschienen wären. Sie seien festgenommen und befragt worden und hätten trotz eingehender Ermahnung hartnäckig auf ihrem Irrglauben beharrt. Als verstockte Ketzer wurden sie dann – nach gängiger mittelalterlicher Praxis – den weltlichen Machthabern übergeben. »Diese führten sie am 5. August aus der Stadt und überlieferten sie dem Feuertod, vier Männer und ein Mädchen. Dieses wäre durch das Mitleiden des Volkes fast gerettet worden, wenn sie durch den Tod der anderen sich hätte schrecken und zur Annahme weiseren Rates bewegen lassen; doch plötzlich den Händen derer, welche sie hielten, entrinnend, stürzte sie sich freiwillig ins Feuer und fand den Tod.« (Kölner Königschronik, in: Geschichtsschreiber der deutschen Vorzeit Bd. 69).

die der sexuellen Ausschweifung. Hildegards Polemik ist nicht weiter erstaunlich, denn sie folgt hier dem Geist bzw. Ungeist ihrer Epoche. Erstaunlich ist vielmehr, daß in modernen Darstellungen Licht und Schatten weiterhin nach mittelalterlichen Wertsetzungen verteilt werden. Ein begütigendes Licht fällt somit auf die Vorgänge in Köln, wo sich die Katharer »eingenistet« hatten, und die unerschrockene Predigerin der »geistigen Verwirrung immer größerer Mas-

50 Verdammte werden in den Höllenschlund gestoßen. Detail aus einem Relief im Tympanon der Abteikirche Sainte-Foy in Conques-en-Rouergue (Aveyron), zweites Viertel des 12. Jahrhunderts

sen« (Schipperges 1993) entgegentrat. Ob Hildegard über die Hinrichtung von Katharern in Köln 1143 und 1163 unterrichtet war, ist unbekannt. Sie selbst hat ›nur‹ zur Vertreibung aufgerufen. Festzuhalten bleibt, daß ihre Worte in eine bereits aufgeheizte Stimmung hineingesprochen wurden und daß man es sich hier – wie in jedem anderen historischen Vergleichsfall – zu leicht macht, wenn man glaubt, flammende Reden und brennende Scheiterhaufen hätten nichts miteinander zu tun.

Rechtes Maß und Grünkraft

Das rechte Maß in allen Dingen leitet sich von der Schöpfung Gottes ab, die gemäß dem alttestamentarischen Weisheitsbuch nach Maß, Zahl und Gewicht (Weish 11,21) erfolgte. Alle Komponenten, die sich wechselseitig begrenzen und zugleich aufeinander bezogen sind, fügen sich im wohlgeordneten Ganzen zusammen. Analog zur äußeren Ordnung gestaltet sich die innere Ordnung des Menschen: »Und so liebt die Seele in allen Dingen das diskrete Maß.« (LDO 99). Gerade weil für Hildegard der Mensch seit dem Sündenfall »keinerlei Sicherheit in seiner Existenz« (LDO 145) hat, zielt ihre Lebenslehre auf innere Ausgewogenheit ab: »Gott, der in allem allmächtig ist, hat in allen seinen Werken Maß. Er handelt mit Maß und Diskretion, damit der Mensch mehr und mehr gefestigt und bereit zur Beständigkeit im Guten wird.« (LDO 182). Entsprechend wird die Diskretion, der Geist der weisen Unterscheidung, zur Leittugend Hildegards. Gleich einer klugen Wagenlenkerin hält sie die übrigen Tugenden im Zaum, denn jede Tugend kann, fehlt ihr das rechte Maß, zum Laster entarten. Vor allen Dingen trägt sie der Natur des Leib/Seele-Wesens Mensch Rechnung, in dem sie jedem Bereich das seine zuteilt und somit die Komponenten im klugen Gleichgewicht hält: »Sie ist für Himmlisches und Irdisches die Mutter aller Tugenden. Denn durch sie wird die Seele geleitet und ebenso der Leib in rechter Zucht ernährt.« (B 199). Aus dem Gleichgewicht und folglich außer Rand und Band geraten ist hingegen der Wolf, den Hildegard als Allegorie

Der Meister sprach: Dse-dschang übersteigt das rechte Maß, Dse-hsja erreicht es nicht.
Dse-gung sagte darauf: Demnach müßte Dse-dschang der tugendhaftere sein.
Der Meister sprach: Übermäßigkeit ist nicht besser als Unzulänglichkeit.

Konfuzius (551–479 v. Chr.), Gespräche des Meisters Kung (Lun Yü), °1994

des Lasters der Maßlosigkeit durch die Welt jagen läßt: »Was immer ich wünschen und suchen kann, das will ich auch genießen« (LVM 94), spricht der Wolf, der von unstillbarer Gier getrieben wird und sich dies als Freiheit und Lebenslust vorlügt. Hildegard hingegen beschreibt die Isoliertheit und Friedlosigkeit des Wolfes, der bei der Wahl zwischen Haben oder Sein sich stets für das Haben entscheidet und daher, rastlos umherirrend, zugleich Gott, die Welt und sich selbst verfehlt. Mit dem rechten Maß gehen zugleich die Wert›maß‹stäbe verloren, so daß der Wolf »allem Minderwertigen« nachläuft »und … nur auf lauter Nichtigkeiten (sinnt), die er sich aneignen will« (LVM 113). Die Mahnungen der Tugend des rechten Maßes, die Hildegard dem Laster entgegentreten läßt, zielen daher gerade nicht auf das heute allseits gefürchtete Mittelmaß, sondern warnen davor, daß der Mensch gemeinsam mit dem rechten Maß seine Mitte verliert und somit zugleich seine Stellung in der nach Maß, Zahl und Gewicht geschaffenen Schöpfungsordnung bedroht.

Das Hauptaugenmerk Hildegards gilt freilich nicht der unverkennbar aktuellen Gestalt des genußsüchtigen und weltverfallenen Wolfes, sondern seinem Gegenpol, dem maßlosen Tugendstreben, das in letzter Konsequenz die Welt- und Körperhaftigkeit der menschlichen Existenz negiert. In ihrer dritten Visionsschrift finden sich grundsätzliche Ausführungen zum

Zerstreuungen
So habe ich oft gesagt, daß alles Unglück der Menschen einem entstammt, nämlich, daß sie unfähig sind, in Ruhe allein in ihrem Zimmer bleiben zu können … Sie (die Menschen) haben einen geheimen Trieb, der sie treibt, außer Haus Zerstreuungen und Beschäftigungen zu suchen, was der Mahnung ihres währenden Elends entstammt; und sie haben einen andern geheimen Trieb, der von der Größe unserer ersten Natur verblieb, der sie ahnen läßt, daß das Glück in Wirklichkeit in der Ruhe und nicht im Lärm des Umtriebs liegt; und aus diesen beiden gegensätzlichen Trieben bilden sie einen verworrenen Plan, der sich im Unbewußten ihrer Seele verbirgt und der sie dazu bringt, die Ruhe durch die Unruhe zu suchen und sich dabei immer einzubilden, daß sie das Glück, das sie nicht haben, haben würden, sobald sie etliche Schwierigkeiten, die sie gerade vor sich sehen, überwunden hätten, und daß sie dann die Tür zu geruhsamem Leben öffnen könnten. So verrinnt das ganze Leben.«

Blaise Pascal (1623–1662), Pensées.
Über die Religion und über einige andere Gegenstände, [9]1994

Thema »Wenn der Mensch den rechten Tugendweg maßlos zu wandeln versucht«. Hildegard stellt hier »ein übertriebenes Maß des Gewissens« fest, das in maßloses Tugendstreben führe, eine Haltung, deren Gewaltsamkeit »die Zartheit des Mutes« zerbricht und letztlich bewirkt, daß sich die Betroffenen in der »Schlinge der Verzweiflung« (LDO 73) verfangen. Hildegard beschreibt den »Winter des Überdrusses« (B2 306), der das Gemüt vereist, und die Gefährlichkeit der Scheintugend, die in Wahrheit das Tor für die Laster ist: »Wo das der Fall ist, dort werden sicher die beflügelten Tugenden – nämlich Demut und Liebe, die allerschönsten Blüten – zugrunde gehen. Denn einer übertriebenen Enthaltsamkeit fehlt die Lebenskraft der Tugenden, und dort nimmt der eitle Ruhm der Untauglichkeit zu. Viel Erschreckendes entsteht dort, als ob es heilig sei; und es ist nicht heilig.« (B2 428).

51 Wurzel Jesse. Fenster in der Kathedrale von Chartres, 12. Jahrhundert

Martin Buber hat in seiner Schrift ›Die Erzählungen der Chassidim‹ (*chassidim* = Fromme, d. h. Vertreter der mystischen Richtung des Judentums, die im 18. Jahrhundert in Osteuropa ihren Ausgang nahm) folgenden Ausspruch Rabbi Baruchs († 1811) mit dem Titel ›Die zwiefältige Welt‹ überliefert:

»Was für eine gute und lichte Welt ist das doch, wenn man sich nicht an sie verliert, und was für eine finstere Welt ist das doch, wenn man sich an sie verliert.«

52 Die Vision der heiligen Elisabeth von Schönau. Verschollenes Gemälde. Vormals Wiesbaden, Hessische Landesbibliothek

Exkurs: Hildegard und Elisabeth von Schönau

»In diesen Tagen zeigte Gott die Zeichen seiner Macht im zarten Geschlecht, nämlich in zwei seiner Dienerinnen: Hildegard auf dem Rupertsberg nahe Bingen und Elisabeth von Schönau«, lautet ein Eintrag in den Annalen von Pölde, der die beiden zu ihrer Zeit hochberühmten Visionärinnen in einem Atemzug nennt. Elisabeth wurde 1129 wahrscheinlich in Bonn geboren und als Zwölfjährige in das benediktinische Doppelkloster in Schönau (bei Bonn) gegeben, wo sie ab 1157 die Frauengemeinschaft leitete. Im Vergleich beider Frauen erweist sich Hildegard als die ungleich souveränere Persönlichkeit. Im Gegensatz zu Hildegard, die selbst predigte, ließ Elisabeth den Abt ihres Klosters ihre Botschaften verkünden. In Hildegards Werk folgen auf die Visionen komplizierte Auslegungen, die von ihr als Auditionen erfahren wurden. Mönch Volmar nahm in diese theologischen Ausführungen keine Eingriffe vor. Elisabeth hingegen überließ die Auslegungen ihrer Visionen dem gelehrten Bruder, der auf ihren Wunsch in Schönau eingetreten war. Ekbert, ein ehrgeiziger Mann mit Beziehungen zu höchsten Kreisen, wußte seine Schwester geschickt zu lancieren. Den weitreichenden Einfluß, den er auf Elisabeth nahm, belegt ein Schreiben an Propst Ulrich von Steinfeld, der Ekbert um eine Art Auftragsvision ersucht hatte, in der Elisabeth Aufschluß über Potentinus, einen Lokalheiligen, geben sollte: »Ich habe sie also, sage ich, gebeten, obwohl sie sich oft und lange dagegen sträubte wegen der Zungen der Lästerer; ich habe sie durch großes Drängen gezwungen, und Er (ein Engel), der das Verborgene weiß, hat mir durch sie das eröffnet, was ich verlangte.«[18]

Auch bezüglich ihres Visionserlebens unterscheiden sich beide Frauen. Hildegard betont, daß sie ihre Visionen bei klarem Bewußtsein erlebt hat, während Elisabeths Visionen mit ekstatischen Verzückungszuständen verbunden waren, die für die spätere Frauenmystik typisch werden sollten.

»Es überkam sie nämlich«, so die Beschreibung des Bruders, »ein bestimmtes inneres Leiden, und eine große Angst befiel sie, bis sie wie entseelt liegenblieb, so daß in ihr kein Lebenshauch und keine Bewegung mehr zu spüren war.« Die Angst, von der Ekbert spricht, konnte sich bei Visionen, in denen ihr der Teufel in Tiergestalt oder als lüsterner Priester erschien, bis hin zu schweren Panikattacken steigern. Hinzu traten ständige Erkrankungen und eine tiefe Traurigkeit. Elisabeth beschreibt jenen Tag, da angesichts der übergroßen Schwere ihrer ›Schuld‹ nicht einmal mehr die Kommunion einen Funken Hoffnung aufkommen ließ: »Es stiegen in meinem Herzen mehr wie sonst alle Sünden auf, und ich vergrößerte jede einzelne bei mir und vermehrte mir so selbst meine Schmerzen. So wuchs nach und nach bei mir diese nicht gute Traurigkeit, und ich wurde so in meinem Sinn verfinstert, daß, wohin ich mich auch wandte, ich in Finsternis zu wandeln glaubte.« Offenbar suchte Elisabeth die Seelenfinsternis durch strenge asketische Praktiken, zu denen auch das Tragen eines eisernen Bußgürtels gehörte, auszutreiben. »Die Bäche deiner unzähligen Tränen, die Müdigkeit deiner Knie; die Zerkratzung deines zarten Leibes, die du erlittest von der Rauheit des Kleides; das Einschneiden in die Hüften, das dir die Härte des Gürtels verursachte; die unglaubliche Knappheit der Speisen ..., mögen sie unvergessen bleiben«, schreibt Ekbert (vor 1132–1184) voller Bewunderung in seinem Nachruf auf die 1164 verstorbene Schwester – Elisabeth war gerade sechsunddreißig Jahre alt geworden. »Immer«, so Ekbert weiter, »lag die Hand des Herrn schwer auf dir, und zu keiner Zeit fehlte dir die Heimsuchung von oben, dein Gemüt bedrückend und deinen bejammernswerten Leib in Bedrängnissen und Mühseligkeiten zermalmend.« Hildegard hingegen betont in ihrem Brief an Elisabeth: »Gott aber züchtigt immer die, die Seine Posaune blasen, und achtet darauf, daß das Tongefäß nicht zerbricht, sondern Ihm wohlgefällt.« (B 197). Die Hand Gottes kann, wie Hildegard aus ihren eigenen Krankheitskrisen weiß, schwer auf seinem Gefäß lasten, doch er zerbricht es nicht. Hildegard macht für ein derart aus den Fugen geratenes Leben ganz andere Ursachen aus als Ekbert und bekämpft das Problem mit ihrer Lehre vom rechten Maß an der Wurzel. Die Sichtweisen könnten nicht gegensätzlicher sein.

Hütet euch auch, Töchter, vor einer gewissen Art von Demut ..., die uns wegen der Schwere unserer Sünden in große Unruhe versetzt ... Beachte gut, Tochter, was ich hierüber sagen will! Denn während es manchmal tatsächlich Demut und Tugend sein mag, sich selbst als schlecht einzuschätzen, kann es ein andermal die größte Versuchung sein. Weil ich selbst diese Anfechtung durchlitten habe, kenne ich sie.

Teresa von Avila, Weg der Vollkommenheit, 1993

Insbesondere in ihrem Briefwechsel mit anderen Klöstern warnt Hildegard immer wieder vor den ruinösen Folgen maßloser Askese. Der wohl eindringlichste Beleg ist ein Brief, als dessen Adressatin lange Zeit Elisabeth von Schönau galt, in dem Hildegard – gleich welche Adressatin man annimmt – auf eine Frau reagiert, bei der der Kampf um die Vernichtung der Sünde im Begriff stand, in Selbstvernichtung überzugehen: »In einer wahren Schau sah und hörte ich folgende Worte: O Tochter Gottes, die du aus Liebe zu Gott mich armseliges Gebilde ›Mutter‹ nennst, lerne Maßhaltung!« Auch die ›Diskretion‹, die rationale Leittugend, wird von Hildegard Mutter genannt, denn sie leitet die Seele und nährt den Leib, den es eben nicht als die Wurzel allen Übels zu bekämpfen gilt. »Wie durch unangebrachten Sturzregen die Frucht der Erde Schaden leidet und wie in ungepflügter Erde nicht gute Frucht, sondern unnütze Kräuter aufsprießen, so wird auch der Mensch, der sich mehr Mühsal auferlegt, als sein Körper aushalten kann – da in ihm das Wirken der heiligen Diskretion geschwächt ist –, durch maßlos auferlegte Mühsal und Enthaltsamkeit seiner Seele keinen Nutzen bringen.« Entsprechend sind jene Sturzbäche an Tränen, die der maßlosen Reue entspringen, nicht von Nutzen, sondern tragen mehr und mehr den fruchtbaren Mutterboden ab. Hildegard geht auf diesen Zustand ›diskret‹, d.h. im Geist mütterlicher Rationalität, ein, zugewandt und doch zugleich mit jener kritischen Distanz, die nötig ist, Fehlgeleitetes in die richtigen Bahnen zurückzulenken: »Wenn daher der pechschwarze Vogel, der Teufel, spürt, daß der Mensch durch Fasten, Beten und Enthaltsamkeit von seinen unerlaubten Begierden und Sünden ablassen will, rollt er sich zusammen wie eine Natter in ihrer Höhle und flüstert ihm zu: ›Deine Sünden können nur getilgt werden, wenn du deinen Leib durch Trauer, Tränen und Anstren-

Es gibt zweierlei Reue: die eine ist zeitlich oder sinnlich, die andere ist göttlich oder übernatürlich. Die zeitliche zieht immerfort hinab in größeres Leid und versetzt den Menschen in solchen Jammer, als ob er gleich verzweifeln müsse, und dabei beharrt die Reue im Leid und kommt nicht weiter; daraus wird nichts. Die göttliche Reue aber ist ganz anders … Daraus kommt eine geistige Freude, die die Seele … fest an Gott bin-

gungen ohne Maß derart niedertrittst, daß er ganz verdorrt.‹« Man muß nicht an den Teufel glauben, um die Klugheit der Textstelle zu erkennen. Der Wurm nagt tief im Inneren. Die Persönlichkeit wird durch ein radikalisiertes Sündenbewußtsein ausgehöhlt, der Körper zum Kriegsschauplatz. Hildegard weist dies teuflischem Einfluß zu, denn vor allem anderen ist der Teufel für sie ein Radikaler, der »immer nur in extreme Höhen oder extreme Tiefen strebt« (LDO 99). Letztlich macht es somit keinen Unterschied, ob der oder die Betreffende die innere Ordnung durch maßloses Wohlleben oder aber durch maßlose Askese zerstört. Allein darin unterscheiden sich die beiden Seiten der gleichen Medaille, daß es sich bei dem Wurm im Inneren um die letzte und die heimtückischste List des Teufels handelt. Nicht große Sünder sind betroffen, sondern jene, denen ihre kleinen Vergehen zu einer übergroßen Sündenlast anwachsen. Nach außen wirkt ein solcher Mensch unauffällig, ja außergewöhnlich demütig und fromm, und dies besonders, wenn es sich um eine Frau handelt, die hierin nicht nur religiösen Normen, sondern auch ihren gesellschaftlichen Rollenvorgaben entspricht.

Auch Bernhard von Clairvaux kennt die teuflische Natter, die – in Anlehnung an den ›Physiologus‹ – ihr eines Ohr mit der Schwanzspitze verschließt, während sie das andere Ohr gegen den Boden drückt. Die Natter, die nicht hören will, symbolisiert Verstocktheit. Ihr Körper formt jenen Teufelskreis, der im modernen Sprachgebrauch noch in übertragener Bedeutung erhalten ist. Wohlmeinende Ratschläge treffen auf taube Ohren, während innerhalb des geschlossenen Systems auf die immer größer erscheinenden Sünden mit immer härteren Maßnahmen reagiert wird: »Ein solcher Mensch lebt dann ohne Hoffnung und ohne Freude, nicht selten schwindet ihm das Lebensgefühl, und er wird von einer schweren

det. Und wenn dann die göttliche Reue sich zu Gott erhebt, sind alle Sünden bälder verschwunden im Abgrund Gottes, als ich meine Augen zutun könnte, und sie werden dann so völlig zunichte, als seien sie nie geschehen.

Meister Eckart (um 1260–1328),
Deutsche Predigten und Traktate, 1979

»Grün ist die Farbe des Zypressenbaums und die der Saat auf den Feldern, und von allen Dingen verlangt die Seele am meisten nach Grün, welche das Auge aufleuchten läßt und die Melodie jeden Wachstums und das Zeichen jeden Gedeihens ist.«
Grün ist auch die Farbe des Propheten und vor allem die des Paradieses, »denn Grün tragen die Paradiesesmädchen und die Engel im Himmel«.

Nizami, persisch-islamischer Dichter (1141–1202/03), Die sieben Geschichten der sieben Prinzessinnen, 1959

Krankheit ergriffen. Durch diese teuflische Hinterlist des Verdienstes der Heiligkeit beraubt, läßt er unvollendet liegen, was er ohne Maßhaltung begonnen hat. Und so werden die letzten Dinge ärger sein als die ersten.« (B 199).

Angesichts derlei schuldgebeugter, ja an der übergroßen Seelenlast zerbrechender Charaktere, setzt Hildegard deutliche Gegengewichte. In der Notwendigkeit zu einer ausgewogenen Lebensführung gleicht der Mensch einem sorgfältig zu bestellenden Acker oder Garten, auf daß jene »Grünkraft«, die den ganzen Kosmos durchfließt, auch im Menschen Gedeihen und Wachstum ermöglicht. »O Grünkraft aus Gottes Hand« (B 109), schreibt Hildegard, denn alles, was aus der Hand Gottes stammt, grünt. Auch Hildegards Tugenden sind daher grün und stehen im Kontrast zur Dürre der Laster. Die Tugenden, deren Bedeutung weit über die rein moralischer Kategorien hinausreicht, beschreiben Heilheit und Ganzheit. An den ›unheilen‹ Lastern hingegen wird stets das menschliche Defizit, d.h. der bereits auf Erden zu zahlende Preis, kenntlich. Die Tugenden halten Gemeinschaft, die Laster sind isoliert. Die Tugenden grünen. Die Laster hingegen wenden sich vom Leben ab, so daß »Menschen, in denen die Grünkraft herrschen sollte ..., nur noch dürre Trockenheit« (LVM 148) besitzen: »Und wie die Geschöpfe im Sommer blü-

Die mittelalterliche Darstellung von Tieren ist an den übertragenen Bedeutungen, nicht an einer naturwissenschaftlich-exakten Beschreibung interessiert. So gilt die Pelikanmutter, die ihre Brust aufreißt, um mit ihrem Blut die toten Jungen zu neuem Leben zu erwecken, als Symbol des ewiges Leben spendenden Opfertodes Christi. Der ›**Physiologus**‹, eine spätantike Schrift, die Tiere allegorisch auslegt, ist eines jener Werke von höchster Autorität, auf das man immer wieder zurückgreift.

53 Hans Vintler, Die Blumen der Tugend, Tirol 1411

hen und grünen, im Winter dörren und welken, so blüht und grünt auch die Seele freudig in ihren guten Werken, im Tun des Bösen aber dörrt sie unter Trauer aus und vergeht.« (LDO 130).

Hildegards Ausführungen sind sichtlich ihrem historischen Kontext, dem im 12. Jahrhundert offenbar weit verbreiteten ›klösterlichen Laster‹ der maßlosen Askese, verpflichtet. Dennoch sind sie zugleich von unverkennbarer Aktualität. Insbesondere ihre dem Leben zugewandten Tugenden haben es verdient, auch weiterhin zu grünen. Bedenkenswert bleibt weiter die »Grünkraft des Gewissens« (LDO 128), d.h. ein Gewissensbegriff, der per definitionem darauf abzielt, zu einem neuen besseren Leben zu befreien. Auch wird sich vor dem

Wer ein Übel, das er getan hat, immerzu beredet und besinnt, hört nicht auf, das Gemeine, das er getan hat, zu denken ... Der wird gewiß nicht umkehren können, denn sein Geist wird grob und sein Herz wird stockig werden, und es mag auch noch Schwermut über ihn kommen. Was willst du? Rühr' her den Kot, rühr' hin den Kot, bleibt's doch immer Kot ... Darum heißt es: »Weiche vom Bösen und tue das Gute« – wende dich von dem Bösen ganz weg, sinne ihm nicht nach und tue das Gute. Unrechtes hast du getan? Tue Rechtes ihm entgegen.

Martin Buber, Der Weg des Menschen nach der chassidischen Lehre, [11]1994

Hintergrund der Kategorien Hildegards die Pseudotugend von selbst enttarnen. Noch heute kann man sie unschwer an den Folgen, der Dürre und Unfruchtbarkeit, die sie im Menschen hinterläßt, erkennen. Ohne Zweifel spricht hier eine große Seelenkundige, deren Rat an Hazzecha, die Äbtissin von Krauftal, auch weiterhin beherzigenswert bleibt: »Wo du Schmutz siehst, wasch ihn ab, und was dürr ist, lasse grünen.« (B2 300).

Ein Fall von Exorzismus

Hildegards Chronist berichtet von einer Dämonenaustreibung, die sich im Jahr 1169 zugetragen hat. In eine adlige Frau war ein Dämon gefahren, bei dem es sich offensichtlich nicht nur um ein ausgesprochen hartnäckiges, sondern auch um ein besonders freches Exemplar seiner Gattung handelte: »Als die Frau nach siebenjährigem Leiden nach Brauweiler gebracht wurde, um dort durch die Verdienste des hl. Nikolaus Befreiung zu erlangen, erklärte der böse Geist nach erfolgter Beschwörung, er werde sein Gefäß ... nur durch den Rat und die Hilfe einer alten Frau in der Gegend des oberen Rheines verlassen. Er verdrehte ihren Namen und nannte sie spöttisch ›Schrumpelgardis‹.« (L 115). Gerold, der Abt des Brauweiler Klosters, hatte, nachdem Hildegards verballhornter Name genannt wurde, umgehend an Hildegard über die vergeblichen Versuche, den Dämon auszutreiben, geschrieben: »Wir alle haben, zusammen mit dem

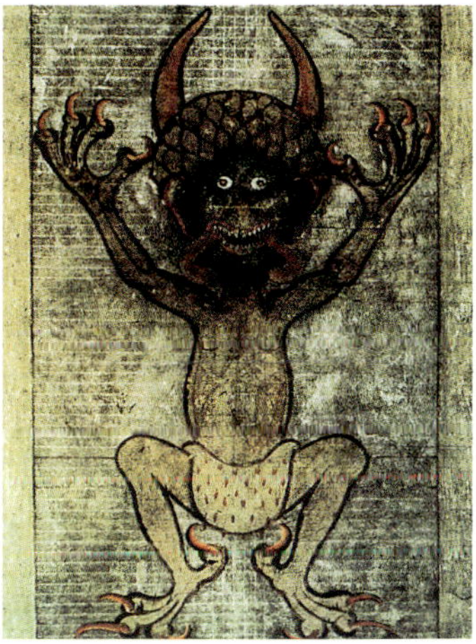

54 Teufelsdarstellung aus dem Codex Gigas, einer enzyklopädisch erweiterten Bibel. Böhmen, um 1220

Noch heute wird von katholischen Autoren heftig bestritten, daß eine Verbindung zwischen Exorzismus und magischen Praktiken besteht, eine Auffassung, die einer unvoreingenommenen Beurteilung nicht standhält. Der Widerspruch, den man zwischen Hildegards Ablehnung der Magie (vgl. Kapitel 9) und ihrem Auftreten als Exorzistin erkennen mag, gründet somit im Katholizismus selbst.

Volk, um die Befreiung dieser Frau schon drei Monate lang auf vielfache Weise uns abgemüht und haben – dies sagen wir nicht ohne Schmerz – infolge unserer Sünden nichts erreicht. Daher haben wir all unsere Hoffnung nächst Gott auf Euch gesetzt … Eure Heiligkeit möge alles, was Gott in dieser Sache Euch eingibt oder in der Schau offenbart, uns brieflich mitteilen. Dies ist unsere dringende und demütige Bitte.« (L 116f.; vgl. B2 131ff.).

In ihrem Antwortschreiben, das Hildegard wiederum »nicht aus mir, sondern aus dem, der da ist« verfaßt, nimmt sie auf die verschiedenen Dämonenarten Bezug und auf die Art und Weise, wie sie vom Menschen Besitz ergreifen. Hartnäckigkeit und Spottlust seien die Kennzeichen eines Dämons, der sich an das Leben der Menschen angepaßt hat: »Deshalb hält er sich gern unter Menschen auf, kümmert sich auch wenig um das Kreuz des Herrn, die Reliquien der Heiligen und ähnliches, was zum Dienst des Herrn gehört. Ja, er verspottet bisweilen diese Dinge und fürchtet sie nicht sehr … Darum ist seine Austreibung schwieriger als die eines anderen Dämons.« (L 117). Hildegard beschreibt im weiteren Verlauf des Briefes die ungewöhnlichen Maßnahmen, die der ungewöhnliche Dämon notwendig macht. Sie leitet von den Sieben Gaben des hl. Geistes sieben Priester ab und bestimmt die von ihnen zu vollziehenden Handlungen und auszusprechenden Formeln. Das Schreiben wurde nach Brauweiler geschickt, wo man es in Anwesenheit der Besessenen verlas: »Als der Leser an die Stelle kam, in der es am Schluß heißt: ›Und ich ungelehrte und armselige Frau gebiete dir, o Geist der Gotteslästerung und des Spottes, in der Wahrheit, aus der ich Arme und Ungelehrte dies im Lichte der Weisheit geschaut und gehört habe; ich befehle dir, Kraft dieser Weisheit, für dauernd und nicht nur im vorübergehenden Wirbel aus diesem

Besessenheit und **Teufelsaustreibungen** sind biblisch belegt (Exorzismen Christi) und daher im Mittelalter (heute noch unter Berufung auf Mk 1,25 im amtskirchlichen Katholizismus) eine unbestreitbare Realität. Die Macht, Teufel und Dämonen auszutreiben, gehörte zu den besonderen Gnadengaben der Heiligen. Mit dem Exorzistat existierte (und existiert) ein kirchlich institutionalisierter Weihegrad bzw. ein Amt, das zum Exorzismus berechtigt (heute nach bischöflicher Zustimmung). Zu den Mitteln des Exorzismus gehörten Beschwörungsformeln, Anrufungen heiliger Namen, Lesungen aus der Heiligen Schrift, Präsentation des Kreuzes,

Menschen auszufahren!‹, da stöhnte der böse Geist und stieß ein solches Geheul und furchtbares Geschrei aus, daß er den Umstehenden einen gewaltigen Schrecken einjagte.«

Noch eine halbe Stunde sollte der Dämon sich winden und toben, ehe er entwich. »Als die Frau fühlte, daß sie befreit war, reichte sie den Umstehenden die Hände, damit sie sie aufrichteten, da ihr die Kräfte fehlten. Dann warf sie sich vor den Hauptaltar des hl. Nikolaus nieder und sagte Gott Dank für ihre Befreiung.« Freude ergriff alle Anwesenden, die allerdings nicht lange anhielt: »Während die Brüder den Hymnus ›Gott, wir loben dich‹ sangen, da geschah es, o weh, was furchtbar zu sagen ist: der alte Feind kehrte nach Gottes geheimem Ratschluß zurück und nahm das Gefäß, das er verlassen hatte, wieder in Besitz. Die Frau zitterte daher am ganzen Leib. Tobend und schreiend richtete sie sich auf und begann stärker zu rasen als zuvor.« Unter den erneuten Versuchen seiner Austreibung ächzte der Dämon auf und war wiederum zu dem Bekenntnis gezwungen, »nur in Gegenwart dieser alten

55 Nach christlicher Auffassung ist der Teufel Gott unter-, nicht nebengeordnet. Dennoch fanden auch ins Christentum dualistische Tendenzen Eingang, so daß sich der Teufel insbesondere im Spätmittelalter und in der frühen Neuzeit gleichsam zu einer Art Gegenmacht verselbständigte. Fortan spukte er in den Köpfen der Zeitgenossen und durchschlich folglich Städte, Dörfer und Klöster. Der Teufel trieb sein Unwesen durchaus mit kirchlicher Billigung, denn stets war er, der reißende Wolf, ein probates Mittel, die Schäflein dichtgedrängt bei ihren Hirten zu halten.

Handauflegen, Weihwasser, Reliquien usw. Auch handfeste Formen des Dämonenkampfes waren möglich. Einen nachhaltigen Erfolg erzielte Benedikt von Nursia, als er einen besessenen Mitbruder mit einer schallenden Ohrfeige kurierte, »so daß (der Teufel) es nicht wagte, zu ihm zurückzukehren«[19]. Zu den Leidtragenden des mittelalterlichen Teufelsglaubens gehört auch ein Hund, der nächtens in unbekannter, aber vermutlich sittlich bedenklicher Mission unterwegs war und sich in die Klosterkirche von St. Gallen verirrt hatte. Notker Balbus († 912) machte in ihm den Teufel aus und verpaßte ihm eine gehörige Tracht Prügel.

Frau könne er ausfahren« (L 121ff.). Also faßte man den Beschluß, die Besessene auf den Rupertsberg zu überführen.

»Über die Ankunft der Frau«, so Hildegards Bericht, »waren wir sehr erschreckt, da wir die sehen und hören sollten, die das ganze Volk so lange in Unruhe versetzt hatte. Doch Gott träufelte den Tau seiner Süßigkeit auf uns hernieder.« (L 124). Hildegard führt die folgende Wendung zum Guten auf den Tau göttlicher Süßigkeit zurück. Derlei Formulierungen beeindrucken gleichermaßen durch ihre Lebensklugkeit wie durch ihre poetische Schönheit. Sich abwenden zu müssen ist bitter, sich zuwenden zu können ist süß. Die Benetzung durch den Tau der Süßigkeit beschreibt den Augenblick, da das vor Angst verhärtete Herz erweicht. Sodann wirkten die weich gewordenen Herzen der Schwestern offenbar auf den ›hart‹näckigen Dämon ein. Dies gilt ebenso für den Mut und die Unerschrockenheit der Schwestern, die demjenigen (wer oder was auch immer er war), der mit seinen furchtbaren Schreien und blasphemischen Verwünschungen alle in die Flucht schlug oder in Ratlosigkeit stürzte, eine erste Grenze seiner Macht aufzeigten. Bereits in der Ankunftsszene läßt sich eine Besserung im Zustand der Besessenen ablesen. Offensichtlich gelang es, die schwer tobende Frau einigermaßen beruhigt ins Kloster zu überführen. »Und ohne Furcht und Schrecken und ohne männliche Hilfe brachten wir sie in die Wohnräume der Schwestern. Trotz des Entsetzens und der Verwirrung, mit denen der Dämon alle sich Nahenden wegen ihrer Sünden erschreckte, trotz der Schand- und Spottreden, durch die er uns übertrumpfen wollte, trotz seines abscheulichen Blasens wichen wir nicht von ihrer Seite.« Von Mariä Reinigung (2. Februar) bis zum Ostersamstag bemühten sich Hildegard, ihre Mitschwestern und das herbeigeeilte Volk »durch Gebete, Almosen und körperliche Buße« um die Austreibung des Dämons.

Der Wandel der Funktion des Teufels vom dienstbaren Geist Gottes zum Prinzip des Bösen steht im Kontext eines im Alten Testamentes ablesbaren Prozesses: Der als tyrannisch empfundene Gott Jahve (»Ich erschaffe das Licht und mache das Dunkel, ich bewirke das Heil und erschaffe das Unheil«, Jes 45,7) wandelt sich zu einem guten, ›moralisch‹ handelnden Gott. »Entsprechend der auch aus babylonischen Texten bekannten Vorstellung scheint (der Teufel) ursprünglich nur die Funktion gehabt zu haben, die verborgenen Sünden der Menschen zu ermitteln oder Gott anzuzeigen sowie

In einer Art öffentlicher Befragung zeigte sich dieser bereits derart geschwächt, daß er »zu seiner Beschämung wider Willen vor allem Volke Christi die Ehre gab«, d.h., statt freche Reden zu führen, rechtgläubige katholische Glaubenspositionen vertrat. »Wenn ich aber«, so Hildegard weiter, »in einer wahren Schau ihn Falsches vorbringen sah, widerlegte ich ihn auf der Stelle. Sogleich verstummte er und wütete gegen mich mit den Zähnen. Sagte er aber Wahres, so hinderte ich ihn des Volkes wegen nicht am Sprechen.« Endlich, am Ostersamstag, dem Tag, da das Taufwasser geweiht wurde, kam die Angelegenheit zu einem glücklichen Ende: »Bald darauf sah und hörte ich in einer wahren Schau, daß die Kraft des Allerhöchsten ... zu der teuflischen Zusammenballung, durch die die Frau gequält wurde, sprach: ›Weiche, Satan, aus dem Lebenszelt dieser Frau und gib dem heiligen Geiste darin Raum!‹« (L 124f.). Sogleich fuhr der Dämon aus der Frau, um sie fortan unbehelligt zu lassen.

Dieser Fall von Exorzismus ist im mittelalterlichen Kontext zwar staunenswert, aber weit weniger befremdlich, als er heute erscheinen mag. Unschwer ließe sich der Bericht durch vergleichbare zeitgenössische Zeugnisse ergänzen. Dem Verfasser der Vita ist diese Episode (die sich auch aus Hildegards Briefen belegen läßt, also nicht nur das Produkt des wundergläubigen Hagiographen ist) besonders wichtig, weswegen er ihr breiten Raum in Hildegards Lebensbeschreibung gibt. Er stellt Überlegungen zur Hartnäckigkeit des Dämons an und kommt zu dem Schluß, daß es Gott jederzeit freigestanden hätte, den Dämon zu vertreiben – »doch übertrug er den Ruhm dieses Wunders auf die heilige Jungfrau (Hildegard), um den Wert ihrer Verdienste in augenfälliger Weise allen zur rechten Zeit zu offenbaren« (L 124). Zweifelsfrei schätzt der Biograph die Wirkung solcher Ereignisse auf die Zeitgenossen richtig

die Menschen auf ihre moralischen Qualitäten zu prüfen. Unter den Einwirkungen der Lehre des persischen Dualismus hat das nachexilische Judentum die Vorstellung vom Satan so ausgebildet, daß er schließlich im Neuen Testament als Fürst dieser Welt und als der Urheber alles Bösen erscheint ... Je mehr man in Gott ein gutes Wesen sah, dem alles Böse fernlag, desto schwieriger wurde es, das Dasein des Übels in der Welt mit Jahves Allmacht in Einklang zu bringen. Da bot sich als ein Ausweg die Annahme eines bösen Wesens an.« (Helmuth von Glasenapp, ›Die fünf Weltreligionen‹, 1996).

56 Sollte der von Hildegard exorzierte Dämon, der immerhin bereits die Wahrheiten des christlichen Glaubens zu bekennen gezwungen war, wie der ›betende Teufel‹ enden, der das Freiburger Münster ziert? Bei näherem Betrachten handelt es sich bei der frommen Geste allerdings wohl eher um den Versuch, dem Erzengel Michael, der beim Jüngsten Gericht die Seelen abwägt, eine Seele abzubetteln. Gleichzeitig versucht ein übereifriger Unterteufel, das Endergebnis durch unlautere Mittel zu verzerren, und hat sich zu diesem Zweck an die der Hölle zugeneigte Waagschale gehängt.

ein. Derlei Geschichten verbreiten sich wie ein Lauffeuer. Bis Köln ist die Nachricht gedrungen, »daß jener alte Feind durch Eure Gebete ausgetrieben wurde«. Im Schreiben des Dekans der Apostelnkirche findet sich auch der Name der Besessenen, Sigewize, die ihm persönlich bekannt war und die er zu grüßen aufträgt (B2 297), da sie nun unter Hildegards Schwestern lebt. Auch in Trier hatte man von dieser Angelegenheit gehört, wie Hildegards Brief an ihren Neffen, Erzbischof Ar-

Teresa von Avilas Beichtväter hatten festgestellt, ihre Visionen seien teuflische Trugbilder. Jahre der Angst folgten, bis der Durchbruch zur inneren Gewißheit, die Visionen seien göttlichen Ursprungs, Teresa wie verwandelt erscheinen ließ: »Warum sollte ich nicht stark genug sein, um mit der ganzen Hölle den Kampf aufzunehmen? Ich nahm dann ein Kreuz in die Hand, und es schien mir, als gebe mir Gott wirklich Mut; denn in so kurzer Zeit sah ich mich ganz verändert, so daß ich mich nicht gefürchtet hätte, mit den bösen Geistern handgemein zu werden; mit diesem Kreuze glaubte ich sie alle leicht überwinden zu können. Und so sprach ich denn: jetzt

nold, belegt: »An der Besessenen aber, nach der Ihr fragt, haben wir viel Wunderbares geschaut, das wir schriftlich jetzt nicht mitteilen können. Wir haben aber erkannt, daß der teuflische Anhauch von Tag zu Tag bis zu seinem Rückzug dahinschwand. Und diese Frau ist von den Quälereien des Teufels befreit worden. Sie wurde dann zwar von einer Krankheit ergriffen, die sie nicht verspürt hatte. Jetzt aber hat sie die Kräfte des Leibes und der Seele in voller Gesundheit wiedererlangt« (B 53f.).

Der allmähliche Rückzug des Teufels, den Hildegard beschreibt, unterstreicht den für moderne Betrachter augenfälligen Prozeßcharakter des Geschehens, während die mittelalterliche Darstellung eher die wundersame Wendung, also das göttliche Eingreifen, betont. Das mittelalterliche Denken läßt Sigewize dem Einfluß äußerer Mächte unterliegen, wo das moderne Denken innere Vorgänge lokalisiert. Hat der Dämon oder hat Sigewize gleich zweimal nach Hildegard gerufen? Zwischen dem mittelalterlichen und dem modernen Denken läßt sich über diese Frage keine Einigung erzielen, ebensowenig wie über die Ursache der Befreiung, die für Hildegard und ihre Zeitgenossen zweifelsohne im Eingreifen Gottes bestand. Aus der modernen Perspektive hingegen ist das Engagement Hildegards und ihrer Schwestern zu unterstreichen. Vor dem Hintergrund der mittelalterlichen Teufelsangst wird man ihren Mut, ihre Fürsorge und insbesondere die Bereitschaft zu bewundern haben, Sigewize in den eigenen Reihen aufzunehmen. Die Perspektiven der Beurteilung divergieren, das Ergebnis bleibt sich gleich. Die Quelle berichtet vom »Heil-Werden« einer schwer leidenden Frau, das sich modern als Prozeß der Heilung, im 12. Jahrhundert hingegen als ritueller Akt der Vertreibung unheilvoller Mächte darstellt.

kommt nur alle herbei.« Nun bekamen es umgekehrt die Dämonen mit der Angst zu tun: »In der Tat schienen sich die bösen Geister seither vor mir zu fürchten; denn von da an blieb ich ruhig und so frei von Furcht vor ihnen allen.« Im übrigen zeigt sich Teresa weiter kampfeslustig und verteilt die Prügel nach einer Richtung, wo man auch aus heutiger Sicht den Sitz des Übels lokalisieren mag: »Was soll also die Furcht? Es ist gewiß wahr, daß ich jetzt jene, die den Teufel gar so sehr fürchten, mehr fürchte als den Teufel selbst; denn dieser kann mir nichts anhaben, indes jene große Unruhe bereiten, besonders wenn sie Beichtväter sind.« (Leben).

Ausklang

Hildegards letztes Lebensjahr überschattete ein schwerer Konflikt, in den sie 1178 mit der ihr vorgesetzten Kirchenbehörde, dem Mainzer Episkopat, geraten war. Ein angeblich exkommunizierter Edelmann war auf dem Klosterfriedhof des Rupertsberg begraben worden. So erging an Hildegard die Aufforderung, die Leiche wieder von dort entfernen zu lassen. Hildegard hingegen, der in einer Schau die Rechtmäßigkeit des Begräbnisses gezeigt worden war, weigerte sich. Statt dessen nahm sie das über ihr Kloster verhängte Interdikt in Kauf. Öffentliche Gottesdienste, der Empfang der Kommunion sowie der Gesang des Gotteslobes wurden untersagt. Allein mit gedämpfter Stimme waren die Psalmen und Lesungen hinter verschlossenen Türen zu rezitieren – ein schwerer Schlag für Hildegard und ihre Nonnen. Hildegard berichtet von ihrer vergeblichen Intervention bei den Mainzer Prälaten: »Als wir aber eine Zeitlang nicht ohne großen Schmerz und tiefe Traurigkeit den Gottesdienst eingestellt hatten, begab ich mich, durch diese wahrhaftige Schau meiner Seele (belehrt) und vom höchsten Richter (dessen Gebot ich nicht zu widerstehen wagte) durch das Gewicht einer schweren Krankheit gezwungen, zu unseren Prälaten nach Mainz. Ich legte ihnen die Worte, die ich im wahren Lichte geschaut, wie Er selbst mir befohlen hatte, in einem Schriftstück vor, damit sie daraus den Willen Gottes in diesem Rechtsfall erkennen sollten. Unter bitteren Tränen bat ich die Anwesenden um Verzeihung und flehte sie klagend und demütig um Erbarmen an.

Exkommunikation (Kirchenbann): Von der zuständigen Kircheninstanz angeordneter Ausschluß aus der Gemeinschaft der Gläubigen und von den Sakramenten. Der Kirchenbann war mit der von der weltlichen Macht verhängten Reichsacht verbunden und bedeutete daher den Ausschluß aus Kirche und Gesellschaft. Die sprachliche Spur dieser Rechtsbegriffe findet sich in dem noch heute geläufigen Ausdruck »jemanden in Acht und Bann tun«.

Da aber ihre Augen so verfinstert waren, daß sie auch nicht einen Blick des Erbarmens für mich hatten, ging ich unter vielen Tränen wieder von ihnen weg.« Und Hildegard berichtet weiter von einer erneuten Schau, die ihr mit den Worten des Evangeliums eine unbeugsame Haltung auftrug: »Besser ist es für mich, in die Hände der Menschen zu fallen, als das Gesetz meines Gottes zu verlassen.« (B 242f.).

Die Auseinandersetzung wirft ein kennzeichnendes Licht auf das Konfliktpotential zwischen der gottunmittelbaren Schau Hildegards und dem kirchlichen Anspruch auf Vermittlung des göttlichen Willens. Und sie belegt weiter Hildegards Integrität. Stets hatte sie sich auf ihre Visionen berufen und somit eine Stellung erlangt wie kaum eine Frau ihrer Zeit. Aber auch als ihr ernsthafter Schaden drohte, hielt sie am Geschauten als der für sie letztverbindlichen Weisung Gottes fest. Nach etwa einem Jahr erwies sich, daß die Exkommunikation kurz vor dem Tod des Edelmannes aufgehoben, die Beerdigung also rechtmäßig war. So erlebte Hildegard noch die Aufhebung des Interdikts, bevor sie am 17. September 1179 starb.

Ihr Hagiograph berichtet vom vorbildlichen Ende einer in jeder Hinsicht vorbildlichen Frau, also vom Tod einer Heiligen. Der Konflikt mit der Mainzer Kirchenbehörde paßt nicht ins Bild und hat folglich zu entfallen. Wesentlicher ist dem Hagiographen ein gewaltiges Lichtwunder am Horizont, das den Rupertsberg nach Hildegards Tod in strahlenden Glanz tauchte. Auch die Krankenheilungen durch die Berührung des

Dialog zwischen Christus und Mechthild von Magdeburg über ihr Werk

Wiederum wird der Freiraum deutlich, den die Gottunmittelbarkeit gerade für Frauen erschloß, die dem paulinischen Lehr- und Redeverbot unterlagen.

»Ich wurde vor diesem Buch gewarnt
und von den Menschen also belehrt:
Wenn ich es nicht begraben wolle,
dann wird es in Flammen aufgehen!
Da tat ich, wie ich als Kind schon pflegte:
Wenn ich traurig war, fing ich an zu beten.
Ich wendete mich meinem Lieben zu
und sprach: Ach Herr, nun bin ich geschlagen
um deiner Ehre willen;
soll ich jetzt von dir ungetröstet im Jammer liegen?
Denn du hast mich dazu angetrieben

57 Darstellung des Todes der hl. Hildegard in der Kirche des Klosters St. Hildegard zu Eibingen, um 1900–1904

Leichnams sowie ein wunderbarer Duft, der ihrem Grab entstieg, dürfen nicht fehlen – traditionelle hagiographische Motive, die die Heiligkeit der Verstorbenen belegen: »Daher hoffen und glauben wir ohne Zweifel, daß bei Gott ihr Andenken unsterblich ist, der ihr schon in diesem Leben den besonderen Vorzug seiner Gaben verlieh, wofür ihm Preis und Ehre sei von Ewigkeit zu Ewigkeit. Amen.« (L 132).

Kennzeichnend für Hildegard war nicht zuletzt ihre hohe Produktivität auf den unterschiedlichsten Gebieten. So sind von ihr auch Text und Musik zu etwa 80 Gesängen sowie ein geistliches Singspiel (›Ordo virtutum‹) überliefert. Freilich schwingt die Liebe zur Musik an zahlreichen Stellen ihres Werkes mit, so, wenn sie Richardis als »eine Blume … in der Schönheit und Zier und Symphonie dieser Welt« beschreibt (B 100). Bei allem, was Hildegard besonders am Herzen liegt,

und befahlst mir selbst, es zu schreiben.
Da offenbarte sich Gott meiner traurigen Seele im Flug,
indem er das Buch in seiner Rechten trug
und sprach: ›Meine Liebste, quäle dich nicht zu sehr,
die Wahrheit kann niemand verbrennen.
Wer mir das Buch aus der Hand nehmen will,
muß stärker sein als ich.‹

Das fließende Licht

58 Engelspfeiler (Pfeiler des Jüngsten Gerichts). Teilansicht mit einem Trompete blasenden Engel. Straßburg, Münster, um 1295

beginnt ihre Sprache zu grünen, zu strahlen oder aber zu erklingen – Musik gehört neben der Grünheit und dem Glanz der Schöpfung zu den zentralen Themen ihres Lebens. Entsprechend muß sie das Verbot der klösterlichen Gesänge besonders getroffen haben, wie der Brief an die Mainzer Prälaten belegt, der nicht nur die strittige Frage des Interdikts behandelt, sondern grundsätzliche Ausführungen über das Wesen der Musik enthält. Hildegard verweist auf die engelsgleiche Stimme Adams, die »in vollem, harmonischem Klang die Lieblichkeit aller Musikkunst in sich trug«. Diese Stimme von vollendeter Schönheit sei infolge des Sündenfalles verloren gegangen. So wurden von den Propheten (auch als Komponi-

In den Schulen des 11. Jahrhunderts konzentrierte sich das *quadrivium*, der zweite Zyklus der freien Künste, fast ausschließlich auf Musik ... Gleichzeitig erschien sie als die Krönung des Grammatikunterichts, der im Mittelpunkt des *triviums* stand. Und da damals niemand leise las, da jede wahre Lektüre die lautlichen Formen des getragenen Gesangs annahm ..., ging das Nachdenken über den Sinn der lateinischen Vokabeln zu dieser Zeit Hand in Hand mit der Meditation über die Töne der Musik ... Die Musik, und durch sie auch die Liturgie, waren die wirksamsten Erkenntnisinstrumente ... Schon die Worte schaffen mittels ihrer Bedeutungen ... eine Möglichkeit, die Mysterien der Welt intuitiv zu erforschen. Sie führen zu Gott. Die Melodie aber beschreibt einen noch direkteren Weg; sie gestattet eine unmittelbare Wahrnehmung der harmonischen Akkorde der Schöpfung und gibt dem Menschen ein Mittel, sich in die Vollendung der göttlichen Vorsehung zu ergießen. Im Kapitel XIX der Regel zitiert der heilige Benedikt aus den Psalmen: »Vor den Engeln will ich dir lobsingen.« Für ihn ist der Mönchschor eine Vorform des himmlischen Chors. Er reißt die Schranken ein, die Himmel und Erde trennen ... »Beim Psalmensingen«, so der heilige Benedikt, »befinden wir uns im Angesicht der göttlichen Herrlichkeit und ihrer Engel.«

Georges Duby, Die Zeit der Kathedralen, [2]1984

59 Stefano da Zevio (um 1375–1451), Musizierende Engel. Gemälde, Venedig, Museo Correr

stin steht Hildegard in der Prophetentradition) die Psalmen, Lieder und Musikinstrumente erfunden, ein Nachklang aus dem Paradies, den Menschen zum Trost und zur Mahnung. Nur einer nahm und nimmt Anstoß, der Teufel, der aus Prinzip dissonant und daher ein Feind der Musik ist. In Hildegards Singspiel kommt die einzige Sprechrolle dem Teufel zu. Der Teufel singt nicht, ja, im Grunde spricht er noch nicht einmal. Sein Auftritt ist mit »*trepidus diaboli*« überschrieben: Der Teufel lärmt und kreischt. Bereits als er Adam singen hörte, ergriff ihn Neid und Furcht, weswegen er durch böse Einflüsterungen den Lobpreis Gottes zu verhindern suchte und weiterhin sucht. Zu seinen Strategien gehört auch die »ungerechte Unterdrückung aus dem Munde der Kirche«, was insbesondere von den Mainzer Prälaten zu bedenken ist: »Auch müßt ihr beim Fällen des Urteils euch ständig in acht nehmen, daß Satan, der den Menschen der himmlischen Harmonie und den Wonnen des Paradieses entriß, euch nicht umzingelt.« Das Schreiben ist weiter mit dem Hinweis versehen, daß diejenigen, die auf Erden das Singen des Gotteslobes verbieten, sich hüten mögen, daß sie nicht dereinst vom gemeinsamen Gesang mit den Engeln ausgeschlossen werden: »Denn das härteste Gericht wird über die Präla-

Nimmermehr können sie davon ablassen, da sie von keinem irdischen Körper beschwert sind. Sie künden von der Gottheit mit dem lebendigen Tönen ihrer herrlichen Stimmen, die zahlreicher als der Sand am Meere sind und über alle Zahl an Früchten, die immer die Erde hervorbringen mag, reicher als alles Tönen, das die lebendigen Wesen hervorbrächten, und leichter als der Glanz, der von Sonne, Mond und Sternen in den Gewässern funkelt. Herrlicher ist dieser Klang als die Musik des Äthers. (LDO 247)

Hildegard über den Gesang der Engel

ten ergehen, wenn sie nicht, wie der Apostel sagt, ihr Vorsteheramt mit Sorgfalt führen.« Die Stimme, die Hildegard all dies zu künden auftrug, war offensichtlich nicht gut auf die kirchlichen Oberen zu sprechen.

Bemerkenswert an diesem streitbaren Schreiben ist die Tiefendimension, die Hildegard der Musik zuspricht. Was man heute als Tiefe des Musikerlebens nachvollziehen mag, leitet sich für Hildegard aus dem Ursprung der Musik am Beginn der Heilsgeschichte ab: »Beim Hören eines Liedes pflegt der Mensch manchmal tief zu atmen und zu seufzen. Das gemahnt … daran, daß die Seele der himmlischen Harmonie entstammt.« (B 236ff.). So bringt Musik im Menschen eine Art wehmütiger Urerinnerung an die himmlische Herkunft zum Anklingen: »Denn … des Menschen Seele hat in sich einen Wohlklang, und sie selbst ist von klingender Natur, weshalb sie oftmals Leid erfährt, wenn sie jenen Urklang vernimmt. Erinnert sie sich doch dann daran, daß sie aus der Heimat in die Fremde vertrieben ward.« (LVM 209f.).

Die musikalische Natur der Seele führt noch einmal zurück zum Wort, das am Anfang war und das – wo es von Hildegard als »das tönende Wort« (LVM 286), also von seiner Klangdimension her beschrieben wird – einen tönenden Kosmos erstehen läßt: »Sein Schall erweckte alles zum Leben … Als nun das WORT Gottes erklang, da erschien dieses WORT in jeder Kreatur, und dieser Laut war das Leben in jedem Geschöpf.« (LDO 171). Um das klingende Wort am Beginn materialisierte sich die Schöpfung: »Und die Weltkugel entstand, da sie den Klang, der vom Vater ausging, aufnahm.« (B 39). Wiederum beschreibt Hildegard den geordneten Kosmos, hier in seiner wohl schönsten Variation – die göttliche Schöpfung als Sinfonie.

Das Motiv des klingenden Kosmos ist uralt und verbindet weltweit die Kulturen. Zahlreiche Mythen lassen die Welt aus

F. Zipp zitiert in ›Vom Urklang zur Weltharmonie‹ (1985) einen indianischen Mythos, nach dem Gott die Welt erschuf, indem er sprach: »›Ich werde dreimal singen und dreimal rufen.‹ Dann sang und rief er dreimal und stieß die Erde … Das Wasser kam hervor …, und über die ganze Erde hin war Wasser.« Stumm wie ein Stein, so die mexikanische Mythologie, war am Beginn der Schöpfer. Doch da er seinem Wunsch, die Welt und den Menschen zu erschaffen, nicht mehr widerstehen konnte, brach er sein Schweigen: »Da sang er: ›Diese Welt soll sein!‹, und die Welt entstand.« (M. Schneider, Klangsymbolik in fremden Kulturen, 1979).

dem Gesang des Schöpfers entstehen. Auch in der Antike spielt die Idee des klingenden Kosmos – insbesondere in der pythagoräischen Tradition – eine wichtige Rolle. Im Rahmen des Christentums ist sie eher außergewöhnlich, da die Motive des klingenden Kosmos und der singenden Sphären (die Planeten bewegen sich auf unsichtbaren Bahnen, den Sphären, wobei eine wunderbare Musik ertönt) zunehmend von den Gesängen der christlichen Engel überlagert werden. Die antike Idee der Weltharmonie tritt zugunsten der christlichen Weltliturgie in den Hintergrund. Nicht mehr der Kosmos selbst klingt, vielmehr stimmen die Engel den Lobgesang auf Gott an, und die gesamte Schöpfung singt – in den schönsten Zeugnissen – mit. »Ich durchwandre Himmel und Erde, die Welt und den Abgrund, Wald und Heide, Berg und Tal: Sie singen mir allesamt den herrlichen Gesang deines unfaßbaren Lobes«, schreibt Heinrich Seuse (1295–1366), der nicht zu Unrecht den Beinamen eines schwäbischen Franz von Assisi erhielt, bezieht er doch in seinem ›Büchlein der ewigen Weisheit‹[20] auch die weniger begnadeten Sänger in den großen Chor ein: »Lieber Herr, dich loben doch auch die Frösche im Graben; zwar können sie nicht singen, aber sie quaken doch.«

Im Werk Hildegards läßt sich neben dem Gesang der Engel auch die ältere Idee der Weltharmonie wiederfinden, die bei ihr der lebendige Nachhall der Stimme des

60 Initiale B(eatus vir) mit König David. Nordthüringen, 1. Hälfte des 13. Jahrhunderts, Sankt Marienstern, Klosterbibliothek

Der türkische Sufi Sünbül (15. Jahrhundert) berichtet, daß ein zum Blumenpflücken ausgeschickter Jünger mit nur einer verwelkten Blume zurückkehrte: »Alle anderen waren damit beschäftigt, Gott zu preisen, und dabei wollte ich sie nicht stören.« (Zit. n. A. Schimmel: Die Zeichen Gottes. Die religiöse Welt des Islam, 1995).

Hildegard und Rumi

Mit Dschelaleddin Rumi (1207–73), dem islamischen Mystiker, auf den der Sufi-Orden der Tanzenden Derwische zurückgeht, teilt Hildegard die Liebe zur Musik, die auch bei Rumi ein Nachklang der paradiesischen Urmelodie im Menschen ist.

Wir alle waren Teile von Adam, wir haben
jene Melodien im Paradies gehört.
Wenn auch das Wasser und die Erde unserer Körper
Ursache sind, daß Zweifel uns befiel,
etwas von jenen Melodien kehrt zurück
in das Gedächtnis .

Das Sehnsuchtsmotiv Hildegards findet sich bei Rumi vor allem im wehmütigen Lied der Rohrflöte, die Symbol des Menschen ist, der einst – gleich der Flöte vom Ried – von der Alleinheit in Gott abgeschnitten wurde. Und auch Gott selbst wird im Werk Rumis zum Flötisten, der seine Schöpfung zum Klingen bringt:

Die Welt ist wie ein Flötenrohr:
Er bläst darein, und wo Er blies,
ist jede Klage, die erklingt,
von seinen Zuckerlippen süß.

61 Der kreisende Tanz der Derwische bildet die Ordnung der Welt und des Kosmos ab und bindet die Tanzenden mit Leib und Seele ein. Auch in der kosmischen Dimension berühren sich die Werke Rumis und Hildegards. Buchminiatur aus Persien, frühes 16. Jahrhundert, Illustration aus den ›Khamseh‹ von Maulana Nur ad-Din Abd ar-Rahman Dschami

Auch bei Rumi hat der Schöpfungsakt eine musikalische Dimension, hier als Motiv der urzeitlichen Aufforderung zum Tanz, in den das ins Leben gerufene Geschöpf einschwingt.

Hallte ein Ruf im Nicht-Sein: da
sagte das Nicht-Sein: »Gewiß!
Ich setz' den Fuß in jenes Land,
froh, grün und frisch mich zu zeigen!«
Es hörte Gottes Urzeit-Ruf,
tanzend ward es und berauscht;
Nicht-Sein war es und ward zum Sein –
Herzen und Tulpen und Feigen.

Vor allen Dingen aber teilen Rumi und Hildegard die Erfahrung der »Ergriffenheit«. Beide liegen sie als Musikinstrumente in den Händen Gottes. Der Mensch, als den sich Hildegard beschreibt, »trägt Gottes Wunderdinge nicht aus sich selbst heraus vor, ist vielmehr davon so ergriffen, wie eine Saite durch den Spieler ergriffen wird, um ihren Ton nicht aus sich, sondern aus dem Griff eines anderen wiederzugeben.« (LVM 292f.). Ebenso ist Rumi zum Instrument geworden:

Blase in mich, der Knecht deines Lufthauchs ich sei,
Deine Schalmei, deine Schalmei, ja deine Schalmei.

Beide ›Ergriffenen‹ wissen, daß sie als unvollkommene Instrumente nur eine Ahnung des vollkommenen Liedes vermitteln können. Entsprechend charakterisiert sich Hildegard als »ein wenig erklingend wie ein schwacher Posaunenklang vom Lebendigen Licht« (B 231). Nicht anders sieht Rumi sein Werk als Nachhall des Unfaßlichen, als Gestammel des Unaussprechlichen. Eher noch ist das Unsagbare singbar – von Nachtigallen, die wie Rumi ihr schönstes Lied anstimmen, ohne jedoch das, was sie singen, begreifen zu können:

Manches hab' ich nicht verstanden,
das ich wagte nachzulallen:
also singen dir zum Preise
Unverstandnes Nachtigallen,
also lernen Kinder reden,
welche lieb dir sind vor allen![21]

Schöpfers ist. Hildegards tönendes Schöpfungsverständnis hat eine tönende Lebenslehre im Gefolge, die den Mißton der Laster mit dem Wohlklang der Tugenden kontrastiert. In Entgegnung auf das Laster der Schlemmerei spricht die Tugend der Enthaltsamkeit: »Ich bin eine Zither, die in schönster Musik tönt und in ihrem guten Willen die Härte der Herzen durchdringt.« (LVM 88). Die Tugend der Gerechtigkeit stellt sich als »Lobgesang« (*symphonia*, LVM 181) der Werke Gottes vor. Freudlos und daher unmusikalisch ist hingegen die Haltung des Geizes: »Ich raffe alles an mich und sammle alles in meinem Schoß.« (LVM 226). Sein Widerpart, die Genügsamkeit, ist eine Tugend der offenen Arme, die liebevoll umfängt, was der Geiz im An-sich-Reißen erdrückt: »Ich aber, ich sitze über den Sternen, weil mir alle Gottesgaben genügen. Ich freue mich an der süßen Musik der Pauken, da ich mein Vertrauen auf Ihn setze. Ich küsse die Sonne, wenn ich Ihn frohlockend besitze; den Mond umarme ich, wenn ich Ihn in Liebe halte, weil mir das reicht, was sie auf dieser Welt wachsen lassen. Und wozu sollte ich mehr wünschen, als ich brauche?« (LVM 227). Hildegards grünende Tugenden sind auch begnadete Musikantinnen, denn sie stimmen in die kosmische Ordnung ein. Die Laster hingegen bleiben dissonant. »Die Symphonie des Heiligen Geistes aber«, so Hildegards Vorwurf an die Geizigen, »an welcher sie sich nach Gottes Geheiß erfreuen sollten, haben sie vergessen.« (LVM 243).

Der Mensch jedoch ist als Teil der klingenden Ordnung erschaffen. »Die Vernunft (Gottes) läßt ja durch den Ton ihrer lebendigen Stimme alles übrige, was diesen Lebensklang nicht besitzt, nach ihrem eigenen Wesen erklingen. Hat sie doch von ihrem ersten Anhauch an, mit dem Gott dem Menschen die Seele eingehaucht hat, die Weise des Jubilierens an sich. Daher lobet Gott mit jenem lauteren und passenden Wis-

Das Motiv der **Weltharmonie** findet in der Neuzeit vor allem in der Literatur, so im berühmten Gedicht Josef von Eichendorffs, seinen Niederschlag:

»Schläft ein Lied in allen Dingen,
die da träumen fort und fort,
und die Welt hebt an zu singen,
triffst du nur das Zauberwort.«

Wer sich die Musik erkiest,
hat ein himmlisches Gut gewonnen,
denn ihr erster Ursprung ist
von dem Himmel selbst gekommen,
weil die lieben Engelein
selber Musikanten sein.

Martin Luther

sen, das die Geschöpfe in sich selber zum Einklingen stimmt, und in jener milden und tiefgründigen Weisheit, die alle Dinge nach ihrem rechten Maße ordnet.« (LVM 210). Die Weisheit der Tugenden ist milde, jubilierend und vor allem Dingen vernünftig, denn der Mensch, der mitklingt, ist mit Gott und der Welt verbunden und eben deshalb auch mit sich selbst identisch. Die Laster hingegen zeugen von Gewaltsamkeit und Freudlosigkeit. Vor allem herrscht in ihnen der Geist der Trennung oder, wie sich modern formulieren läßt, der Entfremdung. Der ›unheile‹ Mensch steht außerhalb und neben sich. Für sich und andere ist er zum Mißton geworden. So gipfelt die Schöpfungs- und Lebenslehre Hildegards in der Forderung: »*Anima symphonialis esse debet*« – die Seele muß sinfonisch sein. Die sinfonische Seele ist immer zugleich die vernünftige Seele. »Ich bin auch die Vernunft«, spricht Gott, »die den Hauch des tönenden Wortes in sich trägt, durch das die ganze Schöpfung gemacht ist.« Vernunft ist das Wesen des nach Zahl, Maß und Gewicht durchstrukturierten Kosmos. Die Struktur tönt, denn alles, was dem tönenden Wort Gottes entstammt, klingt zusammen. »Aus dem gleichen Wort heraus«, betont Hildegard, »wirkt des Menschen Geist die

Der Neuplatoniker Iamblichos (4. Jahrhundert n. Chr.) berichtet über den ›heilsamen‹ Einfluß, den Pythagoras (6. Jahrhundert v. Chr) der Musik zuschrieb:
Da er glaubte, die Betreuung des Menschen müsse auf dem Weg über die Sinnenwahrnehmung beginnen ..., so wies er der Erziehung durch die Musik die erste Stelle zu, der Erziehung durch bestimmte Weisen und Rhythmen, die auf die Wesensart und die Affekte des Menschen heilend wirkten. Die Seelenkräfte werden dabei wieder in ihr ursprüngliches, harmonisches Gleichgewicht gebracht. So erdachte er verschiedene Mittel, leibliche und seelische Erkrankungen einzudämmen und zu heilen.

Zit. nach Hans Schavernoch, Die Harmonie der Sphären, 1981

Werke, aus dem gleichen Laut bringt die Vernunft ihre Werke tönend, rufend und singend hervor, wie sie auch durch den Scharfsinn ihrer künstlerischen Fähigkeiten in der Kreatur tönende Musikinstrumente erklingen läßt. Ist doch der Mensch nach dem Bild Gottes durch seine lebendige Seele vernunftbegabt.« (LDO 171). Nach dem Vorbild der höchsten Vernunft sind auch die Werke des vernünftigen Menschen dazu bestimmt, zu klingen und zu singen, d. h. sich in die harmonische Ordnung einzufügen. Mit ihrem sinfonischen Vernunftbegriff hat Hildegard eine Kategorie von unverkennbarer Aktualität geschaffen. Vernunft ist nur vernünftig, wenn sie tönt, also in die Ordnung des Ganzen einstimmt – vielleicht die bedenkenswerteste Botschaft, die vom 12. Jahrhundert ins 20. Jahrhundert hinüberklingt.

Isidor von Sevilla († 633) stellt das antike Motiv der **Sphärenklänge** in den Dienst der christlichen Religion. Er leitet die sieben Seiten der Kithara von den sieben tönenden Planeten ab, die wiederum in unmittelbarer Beziehung zum menschlichen Herzen stehen. Isidor stellt diese Verbindung in typisch mittelalterlicher Verknüpfung her, die vom Gleichklang der Worte auf eine innere Zusammengehörigkeit schließt. Lateinisch *cor*, Herz, verweist somit auf das griechische *chorda*, Saite. So gleicht das menschliche Herz einem nach den Himmelsgesetzen gestimmten Saitenspiel. Wie die Sterne jubelt es zum Lobpreis Gottes auf.

Anmerkungen

1 Zitiert nach Gaby Signori, Ohnmacht des Körpers – Macht der Sprache. Reklusion als Ordensalternative und Handlungsspielraum für Frauen, in: Regula Ludi (Hg.), Frauen zwischen Anpassung und Widerstand, Zürich 1990, S. 31
2 Gottfried Hertzka und Wighard Strehlow, Die Edelsteinmedizin der heiligen Hildegard, Freiburg i. Brsg. [3]1987, S. 11
3 Die folgenden Zitate entstammen: Jürgensmeier, Literaturverzeichnis XI.3; Newman XII.3 und Hinkel XI.2.
4 Zitiert nach Peter Ketsch, Frauen im Mittelalter. Frauenbild und Frauenrechte in Kirche und Gesellschaft, Bd. 2, Düsseldorf 1984, S. 51; auch Thomas von Aquin und Origenes
5 Zu den Zitaten vgl. Literaturverzeichnis IX.
6 Bernhard von Clairvaux, Schriften, Bd. 5, übers. von Agnes Wolters, Wittlich 1937, 231f. Die weiteren Bernhard-Zitate in diesem Kapitel entstammen den Bänden 2 und 5 derselben Ausgabe.
7 Zitiert nach Dinzelbacher IX.4
8 Das Leben der heiligen Theresia von Jesu, übersetzt von Aloysius Alkofer, München und Kempten [7]1989, S. 475
9 Zitiert nach Heinrich Schipperges, Die Welt der Engel bei Hildegard von Bingen, 1963
10 Zitiert nach Maura Böckeler, Sci 385
11 Zitiert nach Gössmann, VII.3
12 Zitiert nach Peter Ketsch, s. o., S. 49f.
13 Vgl. auch zum folgenden Elisabeth Gössmann in SB Schmidt und unter VII.3.
14 Alle Buber-Zitate aus: Das dialogische Prinzip, [5]1984
15 Irmgard Müller, IX.5
16 Erträge und Ausblicke in SB Schmidt
17 Die zitierten Texte im Exkurs nach Luisa Muraro, Vilemina und Mayfreda. Die Geschichte einer feministischen Häresie, Freiburg 1987
18 Elisabeth und Ekbert wurden nach folgenden Werken zitiert: Wilhelm Oehl, Deutsche Mystikerbriefe, 1931; Peter Dinzelbacher, Elisabeth von Schönau, in: Thiele (IX,8); Rolf Beyer, (IX,2).
19 Vgl. Peter Dinzelbacher, Angst im Mittelalter, 1996.
20 Deutsche mystische Schriften, übersetzt von Georg Hofmann, 1986
21 Rumi wurde nach folgenden Werken zitiert: Godwin Joscelyn, Musik und Spiritualität, 1989; Licht und Reigen, übersetzt von Johann Christoph Bürgel, 1974; Annemarie Schimmel, Rumi. Ich bin Wind und du bist Feuer, 1978, und Rudolf Jockel, Islamische Geisteswelt, 1954.

Zeittafel

1098 Geburt Hildegards
1106 oder 1112 Einschließung in die an das Mönchskloster Disibodenberg angeschlossene Klause
1136 Tod Juttas von Sponheim. Wahl Hildegards zur Meisterin
1147/48 Bestätigung der Sehergabe auf der Trierer Synode durch Papst Eugen III.
1150 Umsiedlung auf den Rupertsberg
1151–58 Abfassung der natur- und heilkundlichen Schriften
1151 Abschluß der Visionsschrift ›Scivias‹
1151/52 Konflikt um Richardis
1152 Weihe der Klosterkapelle durch den Erzbischof von Mainz urkundlich belegt
1155 Ritt zum Disibodenberg; Streit um Klostergüter
1158 Festschreibung der Abmachungen mit dem Kloster Disibodenberg in zwei Bestätigungsurkunden des Erzbischofs Arnold von Mainz
zwischen 1158 und 1161 Erste Predigtreise
1158–63 Abfassung des ›Liber vitae meritorum‹
1160 Zweite Predigtreise
zwischen 1161 und 1163 Dritte Predigtreise
1163 Ausstellung einer Schutzurkunde für das Rupertsberger Kloster durch Friedrich I. Barbarossa
ca. 1165 Zweitgründung Eibingen
1169 Exorzismus an Sigewize
1170 (1171) Vierte Predigtreise
1173 Tod Volmars
1173/74 Vollendung des ›Liber divinorum operum‹
1174 Mönch Gottfried vom Disibodenberg wird Propst und Sekretär Hildegards und beginnt mit der Abfassung ihrer Vita
1176 Tod Gottfrieds
1177 Wibert von Gembloux wird Hildegards Sekretär
1178 Konflikt um einen im Klosterfriedhof beigesetzten Edelmann. Verhängung des Interdikts über das Rupertsberger Kloster
1179 Aufhebung des Interdikts
17. September 1179 Tod Hildegards

Glossar

Audition (lat. *audere* = hören)
Das Hören – sowohl akustisch als auch innerlich – der Botschaften Gottes, der Engel oder Heiligen. Oft untrennbar mit der Vision (von lat. *videre* = sehen) verbunden.

Benediktiner (*Ordo Sancti Benedicti*)
Ältester abendländischer Mönchsorden, der auf Benedikt von Nursia (* ca. 480) zurückgeht. Benedikt verfaßte um 529 die Benediktsregel, die in 73 Kapiteln das klösterliche Leben regelt. Als erste Benediktinerin gilt Scholastika, die Schwester Benedikts.

Cluniazenser
Das Benediktinerkloster Cluny in Burgund (gegründet 910) wurde zum Ausgangspunkt einer Reformbewegung im 10. und 11. Jahrhundert. Wesentlich ist die Loslösung der Klöster (Exemtion) von Adelsherrschaft und bischöflicher Aufsicht. In der Folgezeit Entwicklung eines umfassenden Verbandes von Klöstern, die alle nach der Observanz (Gewohnheit) von Cluny leben. Für alle Klöster ist der Abt von Cluny die oberste Autorität. Seit dem 13. Jahrhundert Verfall der Kongregation (d.h. des Zusammenschlusses mehrerer Klöster). Weitere zeitgenössische Reformzentren sind Gorze, Hirsau, Siegburg.

Dominikaner (Predigerbrüder, *Ordo Fratrum Praedicatorum*)
Vom hl. Dominikus (1170–1221) gegründeter Priesterorden, der in einer Zeit sich ausbreitender Ketzerei den Auftrag zur Predigt auch über die Landesgrenzen hinaus erhielt. 1216 und 1217 erfolgte die Bestätigung des Ordens durch Papst Honorius III. auf dem ersten Generalkapitel (1120) die Verpflichtung zur Armut. Die Dominikaner widmeten sich auch Theologie und Wissenschaft und brachten bedeutende Theologen wie Albertus Magnus (um 1193–1280) und Thomas von Aquin (um 1225–1274) hervor. Die Dominikaner waren direkt dem Papst unterstellt und handelten sich wegen ihrer Einsatzbereitschaft an allen ›Fronten‹ (Ketzer, Kreuzzüge, Inquisition) die Bezeichnung *Domini canes* (»Hunde des Herrn«) ein.

Doppelkloster
Räumliche und rechtliche Einheit von Männer- und Frauenkloster. In England, Deutschland und Frankreich seit dem 6. Jahrhundert, oft unter der Leitung der Äbtissin. Niedergang im 9. Jahrhundert. Neubelebung seit dem 11. Jahrhundert, nunmehr unter der Leitung des Abtes. Eines der berühmten Doppelklöster war Fontevrault, gegründet von

Robert von Arbrissel († 1117). Die Mönche wurden hier zu ihrer Verdemütigung der Äbtissin unterstellt. Obgleich Männer und Frauen getrennt lebten, zog die Lebensform wegen »sittlicher Gefahren« Kritik auf sich. Seit dem 13./14. Jahrhundert drastischer Rückgang.

Engelschöre
Die Lehre über die Engelschöre (-ränge) geht auf Pseudo-Dionysius Areopagita zurück, einen unbekannten Autor, der im 5./6. Jahrhundert unter dem Pseudonym des von Paulus bekehrten Dionysius schrieb. In seinem Werk ›Über die himmlische Hierarchie‹ beschreibt er die erste systematische Angeologie (Lehre von den Engeln), in der neun Chöre in drei Hierarchien (3x3=9, das Symbol der Vollkommenheit) beschrieben werden: Engel, Erzengel, Fürstentümer; Mächte, Kräfte, Herrschaften; Throne, Cherubim, Seraphim. In seinem Werk ›Über die kirchliche Hierarchie‹ überträgt er die Ordnung der Engel auf die kirchlichen Ämter und die Sakramente. Derlei Themen sind im Mittelalter von großem Interesse.

Evangeliar
Liturgisches Buch mit den vier Evangelien

Franziskaner (*Ordo Fratrum Minorum*):
1209 von Franziskus von Assisi (1181–1226) als Bruderschaft (*Fratres minores* = Mindere Brüder, daher die Bezeichung »Minoriten«) gegründet. Hauptanliegen des 1210 von Papst Innozenz III. mündlich bestätigten Ordens war absolute Armut (nicht nur des einzelnen, sondern auch der Gemeinschaft). Die Brüder sollten beim Volk predigen und sich von dessen Gaben ernähren, daher der Beiname »Bettler« (»Mendikanten«). Wie der Dominikanerorden brachten auch die Franziskaner bedeutende Gelehrte hervor. Nach dem Tod des Franziskus brachen schwere innere Konflikte innerhalb des Ordens um die Armutsfrage auf.

Hagiographie
Der Begriff leitet sich von griech. *hagios* (heilig) und *graphein* (schreiben) ab. Er bezeichnet die Beschreibung eines Heiligenlebens und zugleich die Gattung aller Schriften, die vom Leben und Werk der Heiligen berichten.

Illumination
Ausmalung, Ausschmückung, d. h. inbesondere das Anfertigen von Buchmalereien

Inklusen (Inklusinnen), auch Reklusen (lat. *inclusio* = Einschluß, Einsperrung)
Einrichtung in der Nachfolge des Eremitenwesens. Seit dem 12. Jahrhundert vor allem Frauen, die dann oft ein hohes Ansehen genießen. Häufig mit Anschluß an ein Männerkloster. Seit dem 15. Jahrhundert starker Rückgang. Die wohl berühmteste Reklusin ist die Mystikerin Juliana von Norwich (um 1343–1410).

Initiale
Verzierter Anfangsbuchstabe eines Wortes

Klausur (von lat. *claudere* = abschließen)
Bezeichnung für das abge-

schiedene Leben im Kloster. Generell wurde die Klausurvorschrift bei Frauen strenger gehandhabt. 1298 schrieb Papst Bonifatius VIII. die Klausur für alle Nonnenklöster vor. Im Frühmittelalter bestanden noch größere Freiheiten, zumal für Äbtissinen aus dem hohen Adel.

Meisterin (lat. *magistra*)
In kleineren Klöstern oder Doppelklöstern Bezeichnung für die Äbtissin

Mandorla
Mandelförmige Gloriole, die auf Bildern die gesamte Figur umgibt

Missale
Liturgisches Buch, das die in der Messe gebeteten Texte vereint

Oblaten
Kinder, die für das Ordensleben bestimmt wurden. Im 12. Jahrhundert wurde untersagt, für minderjährige Töchter Gelübde abzulegen. Dies blieb de facto ohne Folgen, da mit der Übergabe der Mitgift an das Kloster die Weichen für den Lebensweg gestellt waren. Die Reformorden verzichteten auf das Oblatenwesen, das vom Konzil zu Trient im 16. Jahrhundert abgeschafft wurde.

Psalter (Psalterium)
Liturgisches Buch zum Gebrauch in der Messe und Stundengebet, das alle 150 Psalmen enthält

Römisches Reich
Gemäß einem heilsgeschichtlichen Perdiodisierungsschema besteht die Geschichte aus vier Weltreichen, die sich aus dem Buch Daniel ableiten. Das viergeteilte Standbild des Traumes Nebukadnezars wird als Abfolge von vier Weltreichen gedeutet: Babylon, Persien, Griechenland und Rom. Als letztes der Weltreiche gilt das Imperium Romanum, das in der mittelalterlichen Auffassung fortbesteht, da es von den Römern an das Herrschergeschlecht der Franken übertragen wurde (*translatio imperii*). Entsprechend trägt der ›deutsche‹ König den Titel *rex Romanorum*, König der Römer, und viele mittelalterliche Herrscher werden zum römischen Kaiser, *imperator Romanorum*, gekrönt. Das Ende des Römischen Reiches als letztem der vier Weltreiche ist also mit dem Ende der Welt identisch.

Scriptorium (von lat. *scribere* = schreiben)
Schreibzimmer oder Saal eines Klosters, in dem Handschriften kopiert und manchmal auch illuminiert wurden

Stundengebet (Horen)
Gebet mit Wechselgesängen, Psalmen- und Schriftlesungen zu bestimmten Tageszeiten (Matutin, Laudes, Prim, Terz, Sext, Non, Vesper und Komplet)

Sybille
Weissagende Frauen. In der griechischen Antike wurde der Sybille von Delphi ihre Gabe von Gott Apollo verliehen. Bei den Römern genoß unter anderen die Sybille Tiburtina Verehrung. Die Tradition der Sybillen setzt sich im Mittelalter fort, so daß Hildegard als Sybille der Germanen gilt.

Vita
Eine Vita (Heiligenleben) ist ein Text, der zum Beleg der Heiligkeit des oder der

Betreffenden verfaßt wurde, so daß er den Normen der Heiligkeit zu folgen hat. Entsprechend dürfen die Aussagen der Hagiographen nicht einfach als Abbild der historischen Wirklichkeit betrachtet werden. Aus Berichten, in denen es darum ging, eben keine »Individuen« zu beschreiben, sondern ihr Leben als Bestandteil des ewig währenden Heilsplanes darzustellen, kann man nur schwer rekonstruieren, wie das ›reale‹ Leben dieser Personen ausgesehen haben mag, zumal es häufig auf eine Aneinanderreihung von Stereotypen reduziert ist.

Weisheit
Die Gestalt der Weisheit (*sapientia*) wurzelt in der alttestamentarischen Weisheitstradition. Sie tritt als Mitarbeiterin beim Schöpfungswerk, Lehrerin, Braut und Baumeisterin auf. Die Weisheit ist Ausdruck der Weiblichkeit Gottes, der Fülle der göttlichen Erkenntniskraft und zugleich ihrer Ausübung. Die Weisheit vermittelt als Mutter alles Lebens zwischen dem transzendenten Gott und der Schöpfung. Die alte Weisheitsliteratur ist heute insbesondere wieder für die feministische Theologie von Interesse.

Zisterzienser (*Sacer Ordo Cisterciensis*)
Reformorden der Benediktiner, benannt nach dem Kloster Cîteaux, das von Robert von Molesme 1098 gegründet wurde. Der enorme Aufschwung des Ordens im 12. Jahrhundert ist vor allem das Verdienst Bernhards von Clairvaux.

Bibliographie

Die Hildegard-Literatur ist inzwischen ins schier Unüberschaubare angewachsen. Ich beschränke mich auf mir wesentlich und hilfreich Erscheinendes. Eine gute Auswahlbibliographie bietet

Heinrich Schipperges, Hildegard von Bingen, München 1995 (118–121). Ansonsten:

Werner Lauter, Hildegard Bibliographie. Wegweiser zur Hildegard-Literatur, I. und II., Alzey 1970 und 1984.

Wer ein Thema vertiefen möchte, wird in einem der angeführten Sammelbände, die kundige Artikel mit einer Vielzahl weiterführender Hinweise enthalten, fündig werden, insbesondere in der vielfach immer noch grundlegenden Festschrift Brück.

Vor allen Dingen aber möchte ich zu jenem Abenteuer ermuntern, das für moderne Leser eine eigene Hildegardlektüre darstellt. Ihre Schriften bedürfen wagemutiger Leser, die Durststrecken des spezifisch Mittelalterlichen nicht scheuen und sich auch vom Wald der Bedeutungen – der sich erst einmal als Dickicht darstellt – nicht schrecken lassen. Lichtungen werden sich auftun, und so mancher Schatz läßt sich gerade auch abseits der von anderen erkundeten Pfade finden. Das Lesen von Reiseführern ist zwar hilfreich, ersetzt aber bekanntlich das Reisen nicht. Für die ersten Expeditionen rate ich zu **Heinrich Schipperges**, ›Der Mensch in der Verantwortung‹, und, für stärker historisch Interessierte, zu den Briefen. Deren neue Übersetzung (Storch) besitzt den Vorzug der Vollständigkeit und bezieht neue Forschungsergebnisse ein. Allerdings wurde hier auf eine Kommentierung verzichtet, der Leser in bisweilen unwegsamem Gelände ohne Kompaß gelassen. Daher mein Rat weiterhin zu Führkötter (wie auch Schipperges als Taschenbuch erhältlich).

I. Quellen

I.a Visionsschriften

1. **Wisse die Wege,** übers. und bearb. v. Maura Böckeler, Salzburg [8]1987. (Sci)
   *Ich habe die ältere, sprachmächtige, allerdings unvollständige Übersetzung vorgezogen. Daher die Kürzel **Sci** und **Sci2**. Ebenso bei den Briefen **B** und **B2***
2. **Scivias – Wisse die Wege**, übers. und hrsg. v. Walpurga Storch, Freiburg, Basel, Wien 1992, *vollständige Übersetzung **(Sci2)***

3. **Der Mensch in der Verantwortung**. Das Buch der Lebensverdienste (Liber vitae meritorum), übers. und erl. von Heinrich Schipperges, Salzburg 1972. ***(LVM)***
4. **Welt und Mensch** (Liber divinorum operum), übers. und erl. von Heinrich Schipperges, Salzburg 1965. ***(LDO)***

I.b Briefe

5. **Briefwechsel**, übers. v. Adelgundis Führkötter, Salzburg 1965. ***(B)***
6. **Im Feuer der Taube**. Die Briefe, vollständige Ausgabe, übers. v. Walburga Storch, Augsburg 1997 ***(B2)***
7. **Hl. Hildegard, Briefwechsel mit Wibert von Gembloux**, hrsg. und übers. v. Walburga Storch, Augsburg 1993

I.c Natur- und heilkundliche Schriften

8. **Riethe, Peter**, Hildegard von Bingen, Naturkunde. Das Buch von dem inneren Wesen der verschiedenen Naturen in der Schöpfung, Salzburg 1959. (= ›Physica‹)
9. **Heilkraft der Natur – Physica**, hrsg. v. Marie-Louise Portmann, Augsburg 1991
10. **Schipperges, Heinrich**, Hildegard von Bingen, Heilkunde. Das Buch von dem Grund und Wesen und der Heilung der Krankheiten, Salzburg 1957. (= ›Causae et curae‹)
11. **Hl. Hildegard, Heilwissen**. Von den Ursachen und der Behandlung von Krankheiten nach der hl. Hildegard von Bingen, übers. v. Manfred Pawlik, Augsburg 1990. (= ›Causae et curae‹) ***(Hw)***

Einzelbände (aus Physica)

12. **Das Buch von den Tieren**, nach den Quellen übers. und erl. v. Peter Riethe, Salzburg 1996. ***(BvT)***
13. **Das Buch von den Steinen**, nach den Quellen übers. und erl. v. Peter Riethe, Salzburg 1979. ***(BvS)***
14. **Das Buch von den Fischen**, nach den Quellen übers. und erl. v. Peter Riethe, Salzburg 1991.

I.d Sonstige Schriften

15. **Symphonia**. Gedichte und Gesänge, Lateinisch und Deutsch, von Walter Berschin und Heinrich Schipperges, Gerlingen 1995. ***(Symph)***
16. **Lieder**, hrsg. v. Pudentiana Barth, Immaculata Ritscher und Joseph Schmidt-Görg, Salzburg 1969.
17. **Ordo virtutum – Spiel der Kräfte**. Das Schauspiel vom Tanz der göttlichen Kräfte und der Sehnsucht des Menschen, hrsg. v. Bernward Kronemann, Augsburg 1991.
18. **Hildegard von Bingen: Wörterbuch der unbekannten Sprache** (*Lingua ignota*), Marie-Luise Portmann, Alois Odermatt, Basel 1986.
Die »Unbekannte Sprache« besteht aus einer Zusammenstellung von ca. 900 fremden Worten, meist Substantiven. Sie sind nicht alphabetisch, sonden nach Sachgruppen unterteilt und wer-

den durch die lateinische bzw. mittelhochdeutsche Übersetzung des Begriffe erläutert. Die Bedeutung dieser Schrift ist noch nicht erforscht.

Zum Werk Hildergards und den sonstigen Schriften (Biographien des hl. Rupertus und des hl. Disibod sowie eine Auslegung der Benediktsregel und des Glaubensbekenntnisses) vgl.

Meier, Christel in: Die deutsche Literatur des Mittelalters, Verfasserlexikon III, Berlin 1981, 1257–1280

I.e Viten

19. **Das Leben der heiligen Hildegard**, berichtet von den Mönchen Gottfried und Theoderich, aus dem Lateinischen übers. und kom. von Adelgundis Führkötter, Salzburg [2]1980 ***(L)***
Allerdings noch nicht nach der neuen kritischen Ausgabe von Monika Klaes, Vita Sanctae Hildegardis, Turnhout 1993, S. 3–71
20. **Die Klausnerinnen**. Unvollendete Lebensbeschreibung Hildegards durch Wibert von Gembloux, in: Hl. Hildegard. Briefwechsel mit Wibert von Gembloux, hrsg. und übers. v. Walburga Storch, Augsburg 1993, S. 100–116 ***(Kl)***
21. **Leben der Frau Jutta, Inkluse**, in: Franz Staab: Aus Kindheit und Lehrzeit Hildegards, in: Festschrift Forster, S. 69ff. ***(LJ)***

II. Sammelbände

1. **Hildegard von Bingen 1179–1979**, hrsg. v. Anton Ph. Brück, Festschrift zum 800. Todestag *(Quellen und Abhandlungen zur mittelrheinischen Kirchengeschichte 33), Mainz 1979.* ***(FS Brück)***
2. **Hildegard von Bingen**. Prophetin durch die Zeiten, Festschrift zum 900. Geburtstag, hrsg. v. Edeltraud Forster, Freiburg, Basel, Wien 1997. ***(FS Forster)***
3. **Tiefe des Gotteswissens – Schönheit der Sprachgestalt bei Hildegard von Bingen**. Internationales Symposium in der Katholischen Akademie Rabanus Maurus, Wiesbaden-Naurod vom 9. bis 12. September 1994, hrsg. v. Margot Schmidt, Stuttgart-Bad Cannstatt 1995 (Mystik in Geschichte und Gegenwart: Abt. 1 Christliche Mystik, Bd. 10). ***(SB Schmidt)***

III. Gesamtdarstellungen

Empfehlenswert sind die Einführungen von Schipperges. Aufgrund der guten Lesbarkeit ist Kerner auch für Jugendliche geeignet. Immer noch empfehlenswert die Einführung von **Böckeler**, »Der einfältige Mensch«, im Anhang zur Übersetzung von ›Scivias‹ (Sci 373ff.). Angesichts der Flut von Hildegardliteratur erstaunt das Fehlen einer modernen historisch-kritischen Hildegardbiographie.

1. **Eltz zu, Monika**: Hildegard, Freiburg 1963
2. **Führkötter, Adelgundis**: Hildegard von Bingen, Leben und Werk, in: Hildegard von Bingen 1179–1979, Anton Ph. Brück (Hg.) Mainz 1979
   Dies.: Hildegard von Bingen, Salzburg 1972
3. **Feldmann, Christian**: Hildgard von Bingen, Nonne und Genie, Freiburg, Basel, Wien 1991
4. **Gössmann, Elisabeth**: Hildegard von Bingen, in: Gestalten der Kirchengeschichte III, M. Greschat (Hg.), Stuttgart 1983, S. 224–237
5. **Gronau, Eduard**: Hildegard von Bingen 1098–1179. Prophetische Lehrerin der Kirche an der Schwelle und am Ende der Neuzeit, Stein am Rhein, Schweiz 1985
   Biographisch detailiert, allerdings sehr durch die persönliche Glaubenshaltung des Autors geprägt
6. **Kerner, Charlotte**: Alle Schönheit des Himmels. Die Lebensgeschichte der Hildegard von Bingen, Weinheim, Basel 1993
7. **Lehrbach, Heike**: Katalog zur internationalen Ausstellung »Heilige Hildegard von Bingen 1179–1979«, Bingen 1979
8. **May, Johannes**: Die heilige Hildegard von Bingen aus dem Orden des hl. Benedikt 1098–1179, München [2]1929
   Überaltert, aber immer noch voller biographischer Details
9. **Newman, Barbara**: Hildegard von Bingen. Schwestern der Weisheit, übers. v. Annette Esser u. Mónica Priester, Freiburg i. Brsg. 1995
10. **Pernoud, Régine**: Hildegard von Bingen. Ihre Welt, ihr Werk, ihre Vision, Freiburg, Basel, Wien 1996
11. **Schipperges, Heinrich**: Hildegard von Bingen, München 1995
    Ders.: Hildegard von Bingen. Ein Zeichen für unsere Zeit, Frankfurt 1981
12. **Sudbrack, Josef**: Hildegard von Bingen. Schau der kosmischen Ganzheit, Würzburg 1995

IV. Biographisches

1. **Brede, Maria Laetitia**: Die Klöster der heiligen Hildegard. Rupertsberg und Bingen, in: FS Brück, S. 77–94
2. **Haverkamp, Alfred**: Tenxwind von Andernach und Hildegard von Bingen. Zwei ›Weltanschauungen‹ in der Mitte des 12. Jahrhunderts, in: Lutz Fenske (Hg.): Festschrift Josef Fleckenstein. Institutionen, Kultur und Gesellschaft im Mittelalter, Sigmaringen 1984, S. 515–548
3. **Müller, Gerhard**: Die hl. Hildegard im Kampf mit den Häresien ihrer Zeit. Zur Auseinandersetzung mit den Katharern, in: FS Mainz, S. 171–188
4. **Pernoud, Régine**: Die Predigten Hildegards von Bingen, in: SB Schmidt 1994, S. 171–188
5. **Schrader, Marianna**: Die Herkunft der heiligen Hildegard. Neu bearb. von Adelgundis Führkötter, Mainz 1981
6. **Seibrich, Wolfgang**: Geschichte des Klosters Disibodenberg, in: FS Brück, S. 55–75

7. **Staab, Franz**: Aus Kindheit und Lehrzeit Hildegards, in: FS Forster, S. 58–68

V. Briefe und Handschriften

1. **Klaes, Monika**: Von der Briefsammlung zum literarischen Briefbuch. Anmerkungen zur Überlieferung der Briefe Hildegards von Bingen, in: FS Forster, S. 153–170
2. **Schrader, Marianna; Führkötter Adelgundis**: Die Echtheit des Schrifttums der heiligen Hildegard von Bingen, Graz 1956
3. **Van Acker, Lieven; Hermann Josef Pretsch**: Der Briefwechsel des Benediktinerklosters St. Peter und Paul in Hirsau mit Hildegard von Bingen, in: Forschungen und Berichte der Archälogie des Mittelalters in Baden Württemberg Bd. 10, Stuttgart 1991
4. **Ders.**: Der Briefwechsel der heiligen Hildegard von Bingen. Vorbemerkungen zu einer Edition. Revue Bénédictine 98 (1988), S. 141–168 und 99 (1989), S. 118–154
5. **Ders.**: Der Briefwechsel zwischen Elisabeth von Schönau und Hildegard von Bingen, in: Instrumenta Patristica 23 (1991), S. 409–417

VI. Allegorie/Methode

1. **Carlevaris, Angela OSB**: »Scripturas subtiliter inspicere subtiliterque excribare«, in: SB Schmidt, S. 29–48
2. **Liebeschütz, Hans**: Das allegorische Weltbild der hl. Hildegard von Bingen, Leipzig 1930
3. **Meier, Christel**: Die Bedeutung der Farben in der Welt Hildegards von Bingen. In: Frühmittelalterliche Studien 6 (1972), S. 245–355
4. **Dies.**: Zwei Modelle von Allegorese im 12. Jahrhundert: Das allegorische Verfahren Hildegards von Bingen und Alans von Lille, in: Formen und Funktionen der Allegorie. Symposion Wolfenbüttel 1978. Hrsg. v. W. Haug, Deutsche Vierteljahresschrift für Literaturwissenschaft und Geistesgeschichte, Schriftenreihe Bd.1, 1979, S. 70–89
5. **Dies.**: Gemma spiritalis. Methode und Gebrauch der Edelsteinallegorese vom frühen Christentum bis ins 18. Jahrhundert, 1. Teil, München 1977 (MMS 34)
6. **Wentzlaff-Eggebrecht, Friedrich W.**: Wortsinn und Bildbedeutung bei Hildegard von Bingen, in: Blätter der Carl-Zuckmayer-Gesellschaft 5, 1979, S. 113–131

VII. Frauen

Zu diesem Thema – wegen des ausgewogenen Urteils und der guten Lesbarkeit – sei insbesondere **Barbara Newman**, vgl. III.9, empfohlen.

1. **Blumenfeld-Kosinski**, Renate: Das Konzept von Frau und Mann bei Hildegard von Bingen und Christine de Pizan, in: SB Schmidt, S. 167–179
2. **Eder, Annemarie**: Weiblichkeit und Sexualität bei Hildegard von Bingen, in: U. Müller (Hrsg.): Minne ist ein swaerez spiel, Göppingen 1986, S. 111–141.
3. **Gössmann, Elisabeth**: Hildegard von Bingen, Versuche einer Annäherung, München 1995. *Sammelband ihrer Aufsätze*
4. **Dies**: Die Frau und ihr Auftrag, Gestalten und Lebensformen Freiburg, Basel, Wien [2]1965, S. 84ff.

VIII. Geschichtsauffassung Hildegards

1. **Widmer, Berta**: Heilsordnung und Zeitgeschehen in der Mystik Hildegards von Bingen, Basel 1955.
2. **Gössmann, Elisabeth**: Zirkuläres Denken und kosmische Spekulation im 12. Jahrhundert – erläutert an Hildegard von Bingen und Alanus von Lille, in: SB Gössmann (vgl. VII. 3), S. 124–139.

IX. Heilkunde, Medizin

1. **Breindl, Ellen**: Gesund Kochen mit der heiligen Hildegard von Bingen. 800 Jahre praktische Erfahrung für eine bewußte und natürliche Ernährung heute, Aschaffenburg 1988
2. **Müller, Irmgard**: Die pflanzlichen Heilmittel bei Hildegard von Bingen, Heilwissen aus der Klostermedizin, Freiburg i. Brsg 1993
3. **Dies.**: Krankheit und Heilmittel im Werk Hildegards von Bingen, FS Brück, S. 311–349
4. **Dies.**: Zur Verfasserfrage der medizinisch-naturkundlichen Schriften, in: SB Schmidt, S. 1–11
5. **Schipperges, Heinrich**: Diätetische Lebensführung nach der »Regula Benedicti« bei Hildegard von Bingen, in: Arzt und Christ 26 (1980), S. 87–97
6. **Ders.**: Heilkunde als Heilskunst bei Hildegard von Bingen, in: Heilkunst 90 (1977), S. 417–425
7. **Ders.**: Kosmische Grunderfahrungen. Mittelalterliche Heilkunde, in: Religiöse Grunderfahrungen. Quellen und Gestalten. Hrsg. v. W. Strolz. Freiburg, Basel, Wien 1977, S. 112–141.

X. Musik

1. **Ritscher, Immaculata**: Zur Musik der hl. Hildegard von Bingen, in: FS Brück, S. 189–210.

2. **Scherer, Wolfgang**: Hildegard von Bingen, Musik und Minnemystik, Freiburg i. Brsg. 1987
3. **Steinmetz, Agnes**: Die tönende Posaune Gottes, Hildegard von Bingen als Schöpferin liturgischer Gesänge, in: Liturgie und Frauenfrage, hrsg. v. T. Berger, St. Ottilien 1990, S. 127–153
4. **Stühlmeyer, Barbara**: Auf der Suche nach der Stimme des lebendigen Geistes, in: FS Forster, S. 334–338

XI. Rezeption

1. **Gössmann, Elisabeth**: Die Kirchenkritik Hildegards von Bingen im Urteil des 17. und 18. Jahrhunderts. Ein Beitrag zur Rezeption des Mittelalters, in: SB Gössmann (VII.3), S. 114–123
2. **Hinkel, Helmut**: St. Hildegards Verehrung im Bistum Mainz, in: FS Brück, S. 385–412
3. **Jürgensmeier, Friedhelm**: St. Hildegard »prophetissa teutonica« in: FS Brück, S. 273–294
4. **Krasenbrink, Josef**: Die inoffizielle Heilige, in: FS Forster, S. 496–515
5. **Lauter, Werner**: Das Nachleben der hl. Hildegard von Bingen, hrsg. v. der Stadt Rüdesheim am Rhein, 1979
6. **Meier, Christel**: Nostris temporibus necessaria. Wege und Stationen der mittelalterlichen Hildegard-Rezeption, in: FS Johannes Rathofer, Köln, Wien, 19??, S. 307–325

XII. Prophetentum

1. **Meier, Christel**: Prophetentum als literarische Existenz. In: Gisela Brinker-Gabler: Deutsche Literatur von Frauen, 1. Bd., München 1988, S. 76–87
2. **Dies.**: Eriugena im Nonnenkloster? Überlegungen zum Verhältnis von Prophetentum und Werkgestalt in den figmenta prophetica Hildegards von Bingen, in: Frühmittelalterliche Studien 19 (1985), S. 466–497
3. **Newman, Barbara**: Seherin-Prophetin-Mystikerin. Hildgard von Bingen in der hagiographischen Tradition, in: FS Forster, S. 126–152

XIII. Diverse theologische Themen

1. **Alvarez, Fabio Chavez**: »Die brennende Vernunft«, Studien zur Semantik der *rationalitas* bei Hildegard von Bingen, Stuttgart 1991.
2. **Führkötter, Adelgundis** (Hrsg.): Kosmos und Mensch aus der Sicht Hildegards von Bingen. Quellen und Abhandlungen zur mittelrheinischen Kirchengeschichte, Bd. 60, Mainz 1987.

dies.: Die Gotteswerke. Vom Sinn und Aufbau des Liber divinorum operum der heiligen Hildegard, in: Benediktinische Monatsschrift 29, 1953, S. 195–204 und S. 306–314

3. **Lautenschläger, Gabriele**: Hildegard von Bingen. Die

theologische Grundlegung ihrer Ethik und Spiritualität, Stuttgart-Bad Cannstatt 1993. *Auch wegen der zahlreichen neueren Literaturangaben wichtig*
4. **Meier, Christel**: Operationale Kosmologie. Bemerkungen zur Konzeption der Arbeit bei Hildegard von Bingen, in: SB Schmidt, S. 49–75
5. **Schipperges, Heinrich**: Das Menschenbild Hildegards von Bingen. Die anthropologische Bedeutung von »Opus« in ihrem Weltbild, Leipzig 1961 (Erfurter theologische Schriften 5)
6. **Schmidt, Margot**: »Discretio« bei Hildegard als Bildungselement, Analecta Cartusiana 35, 1983, S. 73–94
7. **Dies.**: Hildegards Lichtschau als Einheit von »Rationalitas« und Mystik, in: Forum Kath. Theologie 2 (1986), S. 24–42
8. **Dies.**: Der Mensch als Schatten Gottes. Zum Gottes- und Menschenbild bei Hildegard von Bingen, Mainz 1979
9. **Dies.**: Die fragende Schau der heiligen Hildegard, Leutersdorf 1992
10. **Dies.**: Zur Bedeutung der geistlichen Sinne bei Hildegard von Bingen, in: SB Schmidt, S. 117–142

XIV. Geschichte der Mystik – Frauenmystik

1. **Bauer, Dieter R.** und **Dinzelbacher, Peter** (Hg.): Frauenmystik im Mittelalter, Ostfildern 1985
2. **Beyer, Rolf**: Vision und Ekstase. Mystikerinnen des Mittelalters, Bergisch Gladbach 1989. (Titel der Originalausgabe: ›Die andere Offenbarung‹)
3. **Dinzelbacher, Peter**: Christliche Mystik im Abendland, Paderborn, München, Wien, Zürich 1994
4. **Ders.**: Mittelalterliche Frauenmystik, Paderborn 1993
5. **McGinn, Bernard**: Die Mystik im Abendland, übers. von Wolfgang Scheuermann, Bd. 2: Entfaltung, Freiburg, Basel, Wien 1994
6. **Ruh, Kurt**: Geschichte der abendländischen Mystik, Bd. 1, München 1990
7. **Sudbrack, Josef**: Mystik, Mainz, Stuttgart 1978
8. **Thiele, Johannes** (Hg.): Mein Herz schmilzt wie Eis im Feuer. Die religiöse Frauenbewegung des Mittelalters in Porträts, Stuttgart 1988

Register

Bildnachweise

dtv portrait

Herausgegeben von
Martin Sulzer-Reichel

Hildegard von Bingen
Von Michaela Diers
dtv 31008
April 1998

Otto von Bismarck
Von Theo Schwarzmüller
dtv 31000
April 1998

Georg Büchner
Von Jürgen Seidel
dtv 31001
April 1998

Annette von Droste-Hülshoff
Von Winfried Freund
dtv 31002
April 1998

Elisabeth von Österreich
Von Martha Schad
dtv 31006
Juni 1998

Theodor Fontane
Von Cord Beintmann
dtv 31003
April 1998

Heinrich von Kleist
Von Peter Staengle
dtv 31009
September 1998

Gotthold Ephraim Lessing
Von Gisbert Ter-Nedden
dtv 31004
August 1998

Stéphane Mallarmé
Von Hans Therre
dtv 31007
Juli 1998

Rainer Maria Rilke
Von Stefan Schank
dtv 31005
Mai 1998

dtv